签派放行与
简易飞行计划实践

陈琳 张炳祥◎编著

P
RACTICE OF
DISPATCH RELEASE AND
SIMPLE FLIGHT PLAN

清华大学出版社
北 京

图书在版编目（CIP）数据

签派放行与简易飞行计划实践 / 陈琳，张炳祥编著. —北京：清华大学出版社，2021.1
ISBN 978-7-302-57199-5

Ⅰ. ①签… Ⅱ. ①陈… ②张… Ⅲ. ①民用航空－机场－业务－教材②飞行计划－教材
Ⅳ. ①F560.81②V323.1

中国版本图书馆 CIP 数据核字(2020)第 260287 号

责任编辑：梁云慈
封面设计：汉风唐韵
责任校对：王荣静
责任印制：宋 林

出版发行：清华大学出版社
  网 址：http://www.tup.com.cn，http://www.wqbook.com
  地 址：北京清华大学学研大厦 A 座   邮 编：100084
  社 总 机：010-62770175   邮 购：010-62786544
  投稿与读者服务：010-62776969，c-service@tup.tsinghua.edu.cn
  质量反馈：010-62772015，zhiliang@tup.tsinghua.edu.cn
印 装 者：小森印刷霸州有限公司
经 销：全国新华书店
开 本：185mm×260mm   印 张：12   字 数：260 千字
版 次：2021 年 2 月第 1 版   印 次：2021 年 2 月第 1 次印刷
定 价：45.00 元

产品编号：091068-01

前　言

现在呈现在您面前的这本《签派放行与简易飞行计划实践》，是笔者经过了近四年的准备才最终落笔编写完稿的。比起别人的高产，一本薄薄的书册要准备四年，着实太久。四年期间一度停笔，临近成稿时也已修改数十遍却不曾满意，但还是坚守初心，最终完成。

民航签派员的人才培养质量一直是笔者从教十多年来所关注的重点，培养什么样的人，为谁培养人，行业、公司需要什么样的人，如何通过编写高质量的教材提高人才培养水平，使高校培养的人才能够更好地对接、满足行业和公司的发展的、多样化的人才需求，成为编写这本书的出发点，也可以称为"初心"。

本书最终的顺利编写出版是建立在与航空公司一线运控部门多年合作教学基础之上的。邀请民航一线教员上课，已然成为民航交通运输和交通管理专业人才培养模式的专业特色。从 2011 年 10 月到 2018 年 6 月近 8 年间，笔者有幸不间断地先后邀请了中国国际航空公司、南方航空公司、天津航空公司、四川航空公司等的签派教员到校授课，通过与教员们深度的学习交流与探讨，取长补短，积累了教材中丰富的运行案例，同时梳理出比较完善的签派放行评估理论体系。可以说，这本书的内容涵盖了近 8 年间所有参与到校企合作的签派教员的集体智慧，融合了他们的专业知识、工作经验和对行业的认知，准确地说，这本书是集体智慧的结晶，而笔者只是有幸总结整理付诸实施。

本书分为 5 章。第 1 章为签派放行，主要讲解签派和放行的概念；第 2 章为签派放行评估，主要讲解航班签派放行需要考虑的方面以及影响航班签派放行决策的因素分类；第 3 章为签派放行简易手工计划制作，通过一个航班放行的案例，讲解简易飞行计划的制作过程；第 4 章为签派放行评估实践，第 5 章为简易手工飞行计划实践，这两章通过分类实验的方式，强化对航班签派放行评估和简易飞行计划的理解和实操。

本书的顺利出版要感谢很多航空公司和局方的朋友、同仁、同事，正是跟他们的不断沟通学习，才让我对签派这个行业的认知不断提升，对本书的内容也不断地修正。在此，要特别感谢国航北京运控中心的尹晗、常玥、李明早、任晓京、于可佳、李文璟、蒋志峰、谢纯、陈博男、蒋维一、刘霞、王立民、贾玉政、秦华亮、李喜言、韩冬军、于海鹏、籍永亮、藤国梁、刘光辉、李良、张强、梁力强、石雨、刘競泽，国航西南运控中心的刘雪涛、段黄科、白彬、张序、郝帅、邓豪、向爽，南航北京运控中心的马玲、胡建，南航运控黑龙江分公司的李伟，天津航空运控中心的潘伟，四川航空运控中心的杨仕恺，四川航空重庆分公司的刘源，他们对本书的写作和校企合作给予了热情的帮助。书中的运行案例大部分都来自一线同仁的整理，在此要感谢国航、南航、东航、天航等航空公司运控中心的大力支持。天航运控中心的黄博文,国航北京运控中心的米永胜、祝贺、陈智銮,东航青岛的汤帅,在本书的编写过程中做了大量的文献查找、资料整理和校对等工作,在此一并表示感谢。

最后要衷心感谢国航运控中心尹晗对本书内容提出的宝贵意见和建议,这些意见和建议同时也引发了笔者对未来民航交通管理人才培养模式更多的思考。

希望本书能够对民航院校的学生、航空公司运控中心的从业人员以及广大民航爱好者的学习有所帮助。由于笔者水平有限,书中难免存在疏漏等不足之处,敬请广大读者批评指正。

作　者

2020 年 10 月

目 录

第 1 章

签 派 放 行

1.1　签派和签派员

1.1.1　签派

签派,英文为"dispatch",其含义源于交通控制系统的"调度"一词,公路、铁路系统运行中称为"调度",民航运行中称为"签派"。

"签派"一词中,"签"指签发证件,"派"指委派任务,具体负责组织、安排、保障航空公司航空器的飞行与运行管理工作。飞行签派工作的任务是根据航空公司的运行计划,合理地组织航空器的飞行并进行运行管理,争取航班正常,提高服务质量和经济效益。航空公司根据发展需要,建立集中统一的运行控制中心(AOC),并设立责任签派席位负责签派放行、飞行控制及飞行监控工作。

根据《大型飞机公共航空运输承运人运行合格审定规则》(以下简称 CCAR-121 部)的规定,运行控制是合格证持有人使用用于飞行动态控制的系统和程序,对某次飞行的起始、持续和终止行使控制权的过程。而飞行签派就是合格证持有人保证运行控制顺利实施的一个重要环节。

1.1.2　签派员

航空公司 AOC 中从事签派工作的人员被称为"飞行签派员"(dispatcher),是持有局方颁发的执照,按照航空规章、航空承运人政策和程序履行签派放行权和运行控制职责的人员。

签派员在持有中国民用航空局颁发的签派员执照的前提下,一方面按照局方规章和公司运行规范进行工作,另一方面还要在保障航空公司航班的运行安全以及运行品质的情况下关注公司的经济效益。因此很多人也把签派员称为"不上天的机长",用来形容签派员工作内容的繁杂性和工作性质的重要性。

根据《民用航空飞行签派员执照管理规则》(以下简称 CCAR-65 部)的规定,符合签注资格的持有飞行签派员执照的申请人,局方可以在其飞行签派员执照上进行相应的签注。这里的签注指填在签派员执照上或与其执照有关并成为执照一部分的授权,说明关于此种执照的特殊条件、权利或限制,包括签派放行签注、飞机性能签注和航行情报签注。

（1）签派放行签注。签派放行签注是对签派员满足相应的训练和经历要求、通过考核、具备签派放行工作专业技术能力的认可，其可承担制作飞行计划、编制签派放行单、运行监控、航班动态调整等工作职责。

（2）飞机性能签注。飞机性能签注是对签派员满足相应的训练和经历要求、通过考核、具备飞机性能工作专业技术能力的认可，其可承担飞机性能计算、一发失效应急程序制作、释压供氧分析、飘降分析、性能数据管理、航线机型匹配等工作职责。

（3）航行情报签注。航行情报签注是对签派员满足相应的训练和经历要求、通过考核、具备航行情报工作专业技术能力的认可，其可承担航线分析与制作、航行通告解析、导航数据库与航行资料管理等工作职责。

签派员作为运行控制中心的核心人员，要对庞杂的航班相关信息和数据进行收集、分析和整合，在保证航班运行安全的前提下，对航班的放行、监控和运行调整做出最优化的选择。因此，签派员的工作可以概括为"资源整合，求最优解"。其主要工作内容为：

（1）在每次航班运行前制作飞行计划并签署放行资料；

（2）监控并向相关单位拍发业务电报；

（3）对每次飞行的各要素（起飞、着陆、备降机场以及航路天气和保障设施、设备等情况）进行分析评估并与机长共同实施签派放行，共同对签派放行承担安全责任；

（4）监控整个飞行过程并及时向飞行中的机组提供已经影响或潜在影响飞行安全的各种变更信息，飞行签派员有责任向机长提供更为安全的建议措施；

（5）监控航班当天运行情况，及时根据运行实时状况调整当天航班运行计划，调配运力保障正常运营生产；

（6）负责运行不正常后协调航班的恢复计划并监督落实，保证公司的飞行安全、正常和高效；

（7）熟悉国家航空安全保卫法律法规，掌握公司航空安保规定、公司应急处置、机组飞行安保控制程序；

（8）当飞机上发生非法干扰事件或接到威胁警告信息时，应保持与机组的双向联络，与飞机降落机场联系，并及时报告值班主任；

（9）在飞行运行应急事件中，启动相关的应急处置程序，参与或协调飞机应急事件的处置，并记录应急事件的处置情况；

（10）完成领导交办的其他工作。

1.2 签派和飞行放行

1.2.1 签派和飞行放行权

航空公司的每次飞行应当在起飞前得到航班放行签派员的明确批准之后方可实施。当飞机执行多段飞行任务时，签派放行单所批准的飞行，可以包括中途停留机场。中途停留机场必须在签派放行单中列明。

合格证持有人应当证明，对于其所实施的运行拥有足够数量的飞行签派中心，并且这些飞行签派中心的位置和能力，能够确保对每次飞行进行恰当的运行控制。

机长和飞行签派员应当对飞行的计划、延迟和签派或者放行是否遵守涉及民航管理的规章和合格证持有人的运行规范共同负责，并且飞行签派员应当对下列工作负责：

(1) 监控每次飞行的进展情况；

(2) 分析与发布该次飞行安全所必需的信息；

(3) 如果根据其本人或者机长的判断，认为该次飞行不能按照计划或者放行的情况安全地运行或者继续运行，应取消或者重新签派该次飞行；

(4) 当飞机追踪无法确定其位置且尝试建立联系未获成功时，通知相关的空中交通服务单位，并报告公司值班主任。

1.2.2　国内、国际定期载客运行的签派放行权和运行控制责任

1. 签派放行权

对于国内、国际定期载客运行，国内运行的飞机在原签派放行单列出的中途机场地面停留不超过1小时、国际运行的飞机在原签派放行单列出的中途机场地面停留不超过6小时的情况下，飞机在签派放行单列出的中途停留机场再次起飞时，不需要经过飞行签派员的批准。飞行签派员在签派飞机前，应当完全熟悉所飞航路、机场的气象实况报告和预报，否则不得签派或者放行该次飞行。

2. 运行控制责任

(1) 合格证持有人对运行控制负责。合格证持有人应当根据授权的飞行签派员所提供的信息，为两个规定地点之间的每次飞行编制签派单。每次飞行前，授权的飞行签派员和责任机长应当对飞行的计划、延迟和签派或者放行是否遵守涉及民航管理的规章和合格证持有人的运行规范共同负责。当授权的飞行签派员和责任机长均认为该次飞行能安全进行时，方可在签派放行单上签字，他们需要共同在签派放行单上签字或附有电子签名。

(2) 飞行签派员在签派放行单上签字，表示该次飞行的起飞机场、目的地机场和备降机场及航路的天气条件符合规定的安全运行条件，有关该次飞行的飞行计划以及其他各项条件均符合公司安全运行标准与政策。签派员应当监控每次飞行的进展情况，分析与发布该次飞行安全所必需的信息，如果根据其本人或机长的判断，认为该次飞行不能按照计划或放行的情况安全地运行或者继续运行，应取消或者重新签派该次飞行。

(3) 对于某一次飞行，飞行签派员可以委托其他人员代替其在签派放行单上签字，但不得委托他人行使其签派权，即签派放行的决定必须由飞行签派员本人做出。

(4) 机长在签派放行单上签字，表示机长已经确认该次飞行的天气、飞机、飞行计划和其他各项运行条件符合公司安全运行标准与政策。在飞行期间，机长负责控制飞机和指挥机组，并负责旅客、机组成员、货物和飞机的安全，同时，机长对飞机的运行拥有完全

的控制权和管理权。这种权力没有限制,可以超越机组其他成员及他们的职责,无论机长是否持有执行其他机组成员职责所需的有效证件。任何驾驶员在驾驶飞机时不得粗心大意和盲目蛮干,以免危及生命或者财产安全。

(5) 授权的飞行签派员和责任机长在签派放行单上签字后,共同对本次签派放行负责。

1.2.3　补充运行的飞行放行权和运行控制责任

1. 飞行放行权

实施补充运行应当使用飞行跟踪系统,每次飞行应当在得到合格证持有人授权实施运行控制人员的批准后方可实施。在开始飞行前,机长或者合格证持有人授权实施运行控制的人员应当按照该次飞行所遵守的条件,制定一个满足飞行的放行单。只有当机长和授权实施运行控制人员均认为可以安全飞行时,机长方可签署飞行放行单。实施补充运行的飞机在地面停留超过 6 小时时,应当重新签署飞行放行单,否则不得继续飞行。同时机长应当完全熟悉所飞航路、机场的气象实况报告和预报,否则不得开始飞行。

2. 运行控制责任

(1) 合格证持有人应当对运行控制负责,并在手册中列出授权实施运行控制的人员。

(2) 机长和运行副总经理应当对飞行的放行、延续、改航和终止是否遵守涉及民航管理的规章和合格证持有人的运行规范共同负责。运行副总经理可以委托他人行使飞行放行、延续、改航和终止的职能,但不能委托运行控制的责任。

(3) 当运行副总经理或者机长认为该次飞行不能按照计划安全地运行时,运行副总经理对取消、改航或者延迟飞行负责。运行副总经理应当负责至少在下列方面对飞行运行进行监控:

① 始发地机场的离开和目的地机场的到达,包括中途停留机场及备降机场;

② 发生在起始、目的地和中途停留机场的维修及机械延误;

③ 已知的严重影响飞行安全的情况;

④ 当飞机追踪无法确定其位置且尝试建立联系未获成功时,通知相关的空中交通服务单位。

(4) 在飞行期间,机长负责控制飞机和指挥机组,并负责旅客、机组成员、货物和飞机的安全。在飞行期间,机长对于飞机的运行拥有完全的控制权和管理权。这种权力没有限制,可以超越机组其他成员及他们的职责,无论机长是否持有执行其他机组成员职责的有效证件。

(5) 机长对飞行前的计划和飞行中的运行是否遵守涉及民航管理的规章和合格证持有人的运行规范负责。

(6) 任何驾驶员在驾驶飞机时不得粗心大意和盲目蛮干,以免危及生命或者财产的安全。

1.2.4 签派放行评估

每一次航班飞行放行前,放行签派员必须独立地对影响飞行的各种因素进行分析、综合评估。一般而言,影响飞行运行的因素总体可分为三大类,即人(飞行机组)、机(飞机状况)、环境(除人、机因素外的其他运行条件,如天气、通告、ATC 等)。放行签派员应当在规定的时限之前,收集、评估影响飞行运行的各个因素,在各种运行条件适航的基础上进行计算机飞行计划的制作,完成航班的放行工作。

1. 放行评估的因素

航空器的签派放行/飞行放行评估工作是决定航空器能否顺利执行航班任务的重要保证,也是飞行签派员保证航空安全工作的重要一环。影响民航安全运行的因素有很多,只有所有影响运行的因素都满足安全运行的标准和限制条件,才能组合成航空器安全运行的闭环。

一般航空器放行评估的因素有飞机状态、机组信息、气象条件、航行通告、机场保障、航班业载(见图 1-1)。

飞机状态　　　　　机组信息　　　　　气象条件

航行通告　　　　　机场保障　　　　　航班业载

图 1-1　放行评估要素

2. 放行评估的流程

签派放行评估需要评估和考虑的运行限制因素众多,项目繁杂,各公司的实际运行情况也千差万别,图 1-2 提供了一个签派放行评估的简单思路。需要注意的是,由于各公司的运行条件不同,各公司的《运行规范》和《运行手册》的内容不尽相同,加之每个放行签派员对局方法规和公司标准的理解程度不同,操作水平不一样,因此签派放行的结论可能各不相同。同时签派员签派放行评估的习惯不同,评估不同影响因素的顺序有先有后,因此图 1-2 也只是提供了签派放行的思路和范本,在实际的学习和工作中没有必要强求。

同一时间,相同起飞机场和目的地机场的两个不同公司的航班,不同公司的飞行签派员的签派放行结论可能并不相同,甚至同一公司的两名签派员对公司同一航班的签派放行结果也会存在差异,在此需要强调的是,航班的签派放行结果没有"标准答案",只是签派员在给定的运行条件下对现有资源做出整合后的"最优结果"。运行条件发生改变,签

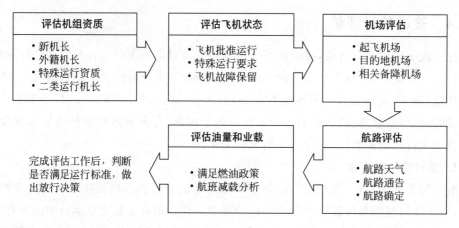

图 1-2　放行评估流程

派放行的结果自然也要改变。因此,航班签派放行过程中一定要放下追求"标准答案"的执念,把更多的精力放在"资源整合"和"过程优化"上,必能求得既符合局方和公司的安全要求,又能使公司运行利润最大化的"最优解"。

1.2.5　初始签派或者放行,重新或更改签派或者放行

合格证持有人可以指定任一经批准用于该型飞机的正常使用机场、临时使用机场或者加油机场,作为初始签派或者放行的目的地机场。

在签派或者放行单中指定的备降机场的天气预报,应当表明在飞机预计到达该备降机场时,备降机场的天气条件将等于或者高于运行规范中对该机场规定的备降最低天气标准,否则飞行签派员和机长不得允许该次飞行继续向所签派或者放行的机场飞行。但是签派或者放行单可以在航路上予以更改,增加任何处在规定的飞机燃油范围内的备降机场。

飞机在航路上飞行时,任何人不得擅自更改初始签派或者放行单上指定的初始目的地机场或者备降机场。如果确有必要改变为另外的机场,则该机场应当是经批准用于该型飞机的,并且在重新签派或更改签派或者放行单时,应当符合相应要求。

在航路上更改签派或者放行单时,通常需由飞行签派员和机长共同决定,并且应当记录更改的内容。当涉及更改空中交通服务飞行计划时,应当预先和有关的空中交通管制部门取得协调。

1.2.6　重新签派放行的程序

签派或飞行放行单的有效时限是从签派员和机长签字开始,到新的飞行放行单发出为止。签派或飞行放行单生效后,如情况发生变化,原放行决定不能保证飞行安全时,机长和签派员应及时研究,做出新的决定。

对于未起飞航班正常放行后,因受无油变化超出规定范围、更换飞机、飞机故障、天气

及通告的变更、机场及航路运行条件变更等因素影响,导致签派放行单中的信息发生变化时,签派员应综合分析放行条件做出重新放行决策,并按照公司规定实施重新放行。

1. 当发生下列情况时,须重新放行

(1) 航班正常放行后,当无油重量变化超出规定范围时,将重新放行的决策通知配载(或代理)并重新签派放行。使用新的无油重量,将前一次放行的总油量设定为最低油量,重新制作计算机飞行计划。

(2) 油量数据(总油量、耗油)发生变化,包括因运行环境发生改变,或机组在合理条件下要求增加额外燃油等情况。为避免航班运行延误,与机组协商后,机组可以对油量数据修改作手工更正。

(3) 领航计划中航路、飞行高度、备降场、飞机注册号、RMK 项、机载设备等项目发生变更。

(4) 飞机起飞后发生返航,飞行签派员应重新签派放行。

(5) 放行后增加 MEL/CDL 限制的项目,或与上次放行所受限制项目不同,造成需要更改油量、飞行高度或其他限制条件变化,应考虑重新签派放行。

(6) 国内运行:飞机在原签派放行单列出的中途机场地面停留超过 1 小时。

(7) 国际运行:飞机在原签派放行单列出的中途机场地面停留超过 6 小时。

2. 重新放行后的信息发布

(1) 将重新放行的原因和变化的内容通知机组。

(2) 重新放行后,如出现业载限制,应确认限制原因(如结构限重、性能限重),采用限制无油、调整飞行高度等手段,在确保安全及效益的前提下,经放行处置同意后,将限制的无油重量通知配载部门。

(3) 重新放行后的油量(总油量、耗油)与前一次放行油量不一致时,通知配载部门(或代理)。

(4) 领航计划(FPL)内容发生变更,需与当地管制部门确认收到重新递交的领航计划(FPL)。

(5) 将重新放行的信息通知相应的放行服务部门(代理、航站、延伸服务、放行讲解),并确认收到重新放行资料。

1.2.7　禁止放行航空器的情况

凡遇下列情况,禁止放行航空器:

(1) 机组中的飞行人员定员不齐,或者由于思想、技术、身体等原因,不适于该次飞行;

(2) 空勤人员没有进行飞行前准备,没有防劫持措施或者准备质量不合格;

(3) 机组未校对该次飞行所需的航行情报资料;

(4) 机组没有飞行任务书、飞行放行单、飞行气象情报、飞行人员执照、飞行手册、航行手册及其他必需的各类飞行文件;

（5）航空器有故障，低于该型航空器最低放行清单的规定；

（6）少于规定数量的航行备用燃油；

（7）装载超重或者装载不合规定；

（8）起飞机场低于机长或航空器的最低天气标准，航线上和起飞机场上空有不能绕越的危险天气；

（9）航线或机场的地面保障设施发生故障，不能保证飞行安全；

（10）在禁区、危险区、限制区和机场宵禁的有效时间内；

（11）航空器表面有冰、雪、霜没有除净。

第 2 章

签派放行评估

　　航班的签派放行是一项复杂的工作,一方面需要考虑的因素有很多,另一方面当从不同的角度考虑问题时得到的放行结论往往也会出现不一致的情况,因此作为一个合格的航班放行岗位的责任签派员,需要掌握的是面对问题时的正确思维方式和处理突发事件时迅速解决问题的能力,而不是单纯的对错思维。同时随着信息技术的不断发展,航班放行工作中系统里的计算机程序将替代更多的人工操作,程序也会通过大数据计算给出某个问题的解决方案或者合理化建议,人工参与度会大大降低,但是由于民航运输自身的特殊性,它的运行安全责任重大,每一个责任签派员将来不是"鼠标手",而是航班运行的"安全守护神"。

　　本章将从飞行机组、飞机状态、天气情况、航行通告、机场和管制限制、备降标准、特殊运行、燃油政策等方面来进行航班签派放行评估工作的讲解。影响航班放行的因素不仅限于此,也希望读者补充。

2.1　飞行机组的评估

　　根据 CCAR-121 部及公司政策规定,责任签派员在每次签派放行前应通过公司相应的签派放行系统对执行航班的飞行机组资质进行分析和评估。

2.1.1　机组分析

　　(1) 根据航班所使用的飞机类型,了解所有机组必需成员,飞行机组成员的数量不得少于该飞机适航证或经批准的该机型《飞机飞行手册》中规定的以及 CCAR-121 部中对于从事该种机型运行的最低飞行机组配置要求。

　　(2) 每名飞行机组成员都必须持有该型别飞机或飞行类型所要求的、中国民用航空局颁发的有效执照、等级、资格与体检证明。

　　(3) 是否是新机长。

　　(4) 机组对于航路与机场是否胜任,是否是特殊机场,是否符合公司对飞行机组运行特殊机场的要求。公司应确保在被指派作为机长或由机长指派的飞行员进行飞行之前,具有飞往的机场、预计着陆地区、航路的飞行资格,已获得所飞航路以及将要使用机场有关设备和航路方面的有关知识。

（5）对于特殊运行还需掌握机组是否具备 RVSM、RNP、RNAV 等运行资格,若不具备,则按照相关限制条件执行。

（6）是否有外籍飞行员或港澳台籍飞行员,如有,需注意航线、航路、起飞、着陆和备降机场须符合局方的有关限制和规定,同时在 FPL 编组 18 项中要有所体现。

（7）机组搭配是否合理。

（8）机组休息时间是否充分,是否符合机组飞行时间和执勤时间的规定。特别是月末、季度末或者年底,机组执勤是否会存在超时的风险。恶劣天气下,机组的安排是否能对航班的正常运行或调整提供充足的保障。

（9）随着全天候运行的推广,若运行有需要,还需了解机组是否具备"Ⅱ类""HUD""CDFA"等运行资质。

2.1.2 飞行时间及值勤时间限制

在实施生产运行过程中,必须保证每一位机组成员符合 CCAR-121 部规定的值勤期限制、飞行时间限制及休息要求。任何违反规定的人员不得在 CCAR-121 规则运行中担任机组必需成员。责任签派员重点分析飞行机组当日飞行时间、值勤时间是否超局方的有关规定,禁止超时飞行;若飞行机组安排不满足以上规定,则责任签派员有权通知相关单位予以调整。

1. 飞行机组的飞行时间限制

（1）在一个值勤期内,合格证持有人不得为飞行机组成员安排、飞行机组成员也不得接受超出以下规定限制的飞行时间。

① 非扩编飞行机组执行任务时,飞行时间限制见表 2-1。

表 2-1　非扩编飞行机组运行最大飞行时间限制

报到时间	最大飞行时间(小时)
00:00—04:59	8
05:00—19:59	9
20:00—23:59	8

② 配备 3 名驾驶员的扩编飞行机组执行任务时,总飞行时间不得超过 13 小时;

③ 配备 4 名驾驶员的扩编飞行机组执行任务时,总飞行时间不得超过 17 小时。

（2）如果在飞机起飞后发生超出合格证持有人控制的意外情况,为将飞机安全降落在下一个目的地机场或备降机场,飞行机组成员的飞行时间可以超出非扩编机组的最大飞行时间限制以及累积飞行时间限制。

（3）合格证持有人必须在 10 天内将任何超过允许的最大飞行时间限制的情况报告局方,报告应包括以下内容:

① 对于延长飞行时间限制及本次延长情况必要的说明;

② 合格证持有人为将此类延长控制在最小范围内而采取的修正措施,如适用。

（4）合格证持有人应在延长飞行时间限制事发当天起 30 天内实施前述的修正措施。

2. 飞行机组的飞行值勤期限制

（1）对于非扩编机组的运行，合格证持有人不得为飞行机组成员安排，飞行机组成员也不得接受超出表 2-2 规定限制的飞行值勤期；航段限制数不包括因备降所产生的航段。

表 2-2　非扩编飞行机组运行最大飞行值勤期限制

报到时间	根据航段数量确定的飞行机组成员 最大飞行值勤期（小时）			
	1～4 个航段	5 个航段	6 个航段	7 个航段或以上
00:00—04:59	12	11	10	9
05:00—11:59	14	13	12	11
12:00—23:59	13	12	11	10

（2）扩编飞行机组的运行。

① 对于扩编机组的运行，合格证持有人不得为飞行机组成员安排，飞行机组成员也不得接受超出表 2-3 规定限制的飞行值勤期；

表 2-3　扩编飞行机组运行最大飞行值勤期限制

报到时间	根据休息设施和飞行员数量确定的 最大飞行值勤期（小时）					
	1 级休息设施		2 级休息设施		3 级休息设施	
	3 名飞行员	4 名飞行员	3 名飞行员	4 名飞行员	3 名飞行员	4 名飞行员
00:00—23:59	18	20	17	19	16	18

② 在所有飞行时间内，至少有一名机长或符合要求的巡航机长在驾驶舱内操纵飞机；

③ 在着陆阶段执行操纵飞机任务的飞行机组成员，应在飞行值勤期的后半段获得至少连续 2 小时的休息时间。对于航段时间不足 2 小时的，应保证执行操纵飞机任务的飞行机组成员在着陆前得到足够的休息。

（3）起飞前发生意外运行情况下飞行值勤期的延长：

① 机长和合格证持有人可以将表 2-2 或表 2-3 中允许的最大飞行值勤期延长 2 小时。

② 前述将飞行值勤期延长 30 分钟以上的情况只可在获得符合规定的休息期之前发生一次。

③ 如果规定的飞行值勤期的延长导致飞行机组成员超出规定的累计值勤期限制，那么该飞行值勤期不得延长。

④ 合格证持有人必须在 10 日内将任何超过表 2-2 或表 2-3 所允许的最大飞行值勤限制 30 分钟以上的情况报告局方，报告应包括以下信息：

a. 对于延长飞行值勤期限制及本次延长必要情况的说明；

b. 合格证持有人为将此类延长控制在最小范围内而采取的修正措施，如适用。

⑤ 合格证持有人必须在延长飞行值勤期限制事发当天起 30 天内实施规定的修正措施。

(4) 起飞后发生意外运行情况下飞行值勤期的延长：

① 机长和合格证持有人可以将表 2-2 或表 2-3 中允许的最大飞行值勤期延长至可以将飞机安全地降落在下一个目的地机场或备降机场。

② 规定的将飞行值勤期延长 30 分钟以上的情况只可在规定的休息期之前发生一次。

③ 规定的值勤期的延长可以超出规定的累积飞行值勤期限制。

④ 合格证持有人必须在 10 日内将超过表 2-2 或表 2-3 飞行值勤期限制的情况报告局方，报告应包括对于延长飞行值勤期限制及本次延长必要情况的说明。

3. 机组成员休息时间的附加要求

(1) 合格证持有人不得在机组成员规定的休息期内为其安排任何工作，该机组成员也不得接受合格证持有人的任何工作。

(2) 任一机组成员在实施按 CCAR-121 规则运行的飞行任务或主备份前的 144 小时内，合格证持有人应为其安排一个至少连续 48 小时的休息期。对于飞行值勤期的终止地点所在时区与机组成员的基地所在时区之间时差少于 6 小时的，除仅实施全货物运输飞行的合格证持有人外，如机组成员飞行值勤期和主备份已达到 4 个连续日历日，不得安排机组成员在第 5 个日历日执行任何飞行任务，但是前续航班导致的备降情况除外。本条所述基地是指合格证持有人确定的机组成员驻地并接受排班的地方。

(3) 如果飞行值勤期的终止地点所在时区与机组成员的基地所在时区之间有 6 个或者 6 个小时以上的时差，则当机组成员回到基地以后，合格证持有人必须为其安排一个至少连续 48 小时的休息期，这一休息期应当在机组成员进入下一值勤期之前安排。

(4) 除非机组成员在前一个飞行值勤期结束后至下一个飞行值勤期开始前，获得了至少连续 10 个小时的休息期，任何合格证持有人不得安排，且任何机组成员也不得接受任何飞行值勤任务。

(5) 当合格证持有人为机组成员安排了其他值勤任务时，该任务时间可以计入飞行值勤期。当不计入飞行值勤期时，在飞行值勤期开始前应当为其安排至少 10 个小时的休息期。

4. 飞行机组的累计飞行时间、值勤时间限制

(1) 限制包括飞行机组成员在一段时期内代表合格证持有人所执行的所有飞行时间，含按照规则实施的运行和 CCAR-121 规则之外的运行，如训练、调机和作业飞行等。

(2) 合格证持有人不得为飞行机组成员安排，飞行机组成员也不得接受超出以下规定限制的飞行时间：

① 任一日历月，100 小时的飞行时间；

② 任一日历年,900 小时的飞行时间。

(3) 合格证持有人不得为飞行机组成员安排,飞行机组成员也不得接受超出以下规定限制的飞行值勤期:

① 任何连续 7 个日历日,60 小时的飞行值勤期;

② 任一日历月,210 小时的飞行值勤期。

2.1.3　新机长仪表飞行规则着陆最低天气标准

1. 定义

如果机长在其驾驶的某型别飞机上作为机长按照 CCAR-121 部运行未满 100 小时,则称该机长为新机长。

2. 新机长运行标准

对于正常使用机场、临时使用机场或者加油机场规定的最低下降高(MDH)或者决断高(DH)和着陆能见度最低标准,分别增加 30 米(100 英尺)和 800 米(1/2 英里)或者等效的跑道视程(RVR)(详见表 2-4)。对于用作备降机场的机场,最低下降高(MDH)或者决断高(DH)和能见度最低标准无须在适用于这些机场的数值上增加,但是任何时候,着陆最低天气标准不得小于 90 米(300 英尺)和 1600 米(1 英里)。

表 2-4　新机长的 RVR 着陆最低标准

公布的 RVR 着陆最低标准	新机长的 RVR 着陆最低标准
RVR 550 米(1800 英尺)	RVR 1400 米(4500 英尺)
RVR 600 米(2000 英尺)	RVR 1400 米(4500 英尺)
RVR 750 米(2400 英尺)	RVR 1500 米(5000 英尺)
RVR 1000 米(3000 英尺)	RVR 1500 米(5000 英尺)
RVR 1200 米(4000 英尺)	RVR 1800 米(6000 英尺)
RVR 1500 米(5000 英尺)	RVR 1800 米(6000 英尺)

3. 新机长的放行

当由新机长执行的航线的目的地机场天气实况报告、预报或两者的组合表明,在航班预计到达时天气不满足新机长标准,或是责任签派员认为在航班预计到达时天气存在不满足标准的风险时,责任签派员应做出相应的调整预案以及建议(如更换责任机长、空中换座等),以确保航班的顺畅运行。

 案例 2-1　新机长运行案例

案例一

某日,签派员发现哈尔滨执管 CZ6260 航班 XMN-WNZ(预计起飞时间 0830)系统中显示是新机长。随即查看温州天气报文:METAR ZSWZ 010700Z 10006MPS 8000 R03/

1200V1600U FEW020 30/26 Q1004 NOSIG＝

初步判断跑道视程可能不够新机长标准。民航气象中心实时监测网站上显示 RVR 处于边缘，并且多数时候不够标准。签派员向哈尔滨签派证实机长确实是新机长。结合温州机场通告，温州机场 03 号单盲降，标准为 RVR 800m/VIS 900m。

根据规章规定，当同时发布跑道视程和能见度时，以 RVR 为准。

新机长落地标准如下：

9.4.7　新机长的仪表飞行规则着陆最低天气标准（CCAR121.669，运行范 C0011）

9.4.7.1　如机长在其驾驶的机型上作为机长运行未满 100 小时，则对于正常使用、临时使用或加油机场规定的最低下降高（度）或决断高（度）和竹陆能见度最低标准，分别增加 30 米（100 英尺）和 800 米（1/2 英里）或等效的跑道视程；

9.4.7.2　对干用作备降机场的机场，最低下降高（度）或决断高（度）和能见度最低标准无须在适用于这些机场的数值上增加，但任何时候着陆最低标准不得低于 90 米（300 英尺）和 1 600 米（1 英里）。

公布的 RVR 着陆最低标准	新机长的 RVR 着陆最低标准
RVR 500 米（1800）	RVR 1400 米（4500）
RVR 600 米（2000）	RVR 1400 米（4500）
RVR 750 米（2400）	RVR 1500 米（5000）
RVR 1000 米（3000）	RVR 1500 米（5000）
RVR 1200 米（4000）	RVR 1800 米（6000）
RVR 1500 米（5000）	RVR 1800 米（6000）

据此判断新机长标准：RVR 1500m/VIS 1700m。温州天气不够新机长放行标准。根据天气报文显示，签派员认为能见度与 RVR 有较大差异，而且报文中并没有 HZ、FU、BR 等影响能见度的天气现象，因此签派员对报文的准确性表示怀疑。于是查看全天温州实况，发现情况都是这样，RVR 多数处于新机长标准边缘。

METAR ZSWZ 010000Z 01003MPS 2500 R03/1200V1800D -RA BR SCT015 26/24 Q1004 NOSIG＝

METAR ZSWZ 010100Z 05006MPS 5000 R03/1200V1500D -SHRA FEW009 SCT016 28/25 Q1004 NOSIG＝

METAR ZSWZ 010200Z 08007MPS 8000 R03/1400V1700N FEW010 SCT020 30/25 Q1005 NOSIG＝

METAR ZSWZ 010300Z 08007MPS 9999 R03/1400V1700U FEW020 31/25 Q1005 NOSIG＝

METAR ZSWZ 010400Z 08007MPS 8000 FEW020 SCT046 31/25 Q1005 NOSIG＝

METAR ZSWZ 010500Z 09007MPS 8000 R03/1200V1900U FEW020 SCT050 31/25 Q1004 NOSIG＝

METAR ZSWZ 010600Z 10006MPS 8000 R03/1200V1700U FEW020 SCT050 31/26 Q1004 NOSIG＝

METAR ZSWZ 010700Z 10006MPS 8000 R03/1200V1600U FEW020 30/26 Q1004 NOSIG＝

签派员立即致电气象席位,说明问题,并表示希望其向温州机场部门确认天气以及达到新机长标准的时间。同时联系温州站调,得知机场正在使用 03 号跑道起降,并且机场运行正常,天气情况良好。后气象席位同事:温州气象称一般在能见度低于 2km 时发布 RVR,目前机场仪器观测数据就是如此,机场方面也不清楚原因,因此不能判断好转时间,但是机场能见度观测范围一般会包括跑道方向。签派员又联系温州机场气象部门,称之前出现过几次类似情况,他们认为是由于前几天连降暴雨,仪器渗水,内部有雾气,需等待天气好转水汽蒸发。机场能见度是好的,已经派人去查看,但可能只能采取简单的表面处理工作。签派员进一步向温州求证是否是仪器原因,并得到肯定的回答。签派员再次致电气象席位,告知相应情况,认为等待机场方面维修设备耗时长,且效果不一定明显,是否可以与温州协调通过发布 COR 或 SPECI 报去掉 RVR,以便尽早放行航班。后气象席位来电称温州机场将关闭 RVR 设备,但发布 SPECI 报尚不满足相应标准,只能通过下午五点的实况报体现。

签派员将此情况告知哈尔滨签派和机组,协商航班正常准备并上客,等五点实况发布后再放行。此时哈尔滨签派提出:既然 RVR 数据已经不准确,此时已不具备参考价值,是否应以能见度作为放行标准。民航气象中心实时监测网站显示 03 号跑道中段 RVR 以及 21 号跑道 RVR 均稳定在 2km 以上,且能见度稳定在 8km 以上。《飞行运行手册》第九章对 RVR 的使用做了明确的规定:

9.4.4.1 Ⅰ类 PA、APV、NPA 的最低标准

(1) 最低标准通常包括 DA/H 或 MDA/H 以及 RVR 或 VIS 两个要素。

签派员随即将情况汇报主任,主任也认为,根据规章规定:当没有接地地带 RVR 数据时,可以跑道中段 RVR 数值为标准。经过机组沟通后,航班正常放行。最终,CZ6260 航班准点起飞。

案例二

1. 事件经过

11 月 18 日,辅助放行签派员在做航班起飞前放行检查时,发现北京分公司执管 CZ6150(北京-长春)/STD1550 航班的为新机长,预计落地长春时刻为 17:45。签派员随即查看长春天气:

METAR ZYCC 180700Z 15003MPS 3000 BR BKN026 M06/M08 Q1017 BECMG TL0830 2000 BR＝

TAF ZYCC 180414Z 180615 18004MPS 3100 BR SCT023 BECMG 1112 1500 -SN BR SCT010 BKN020 TEMPO 1115 0700 SN BKN005

当时长春天气能见度 3 千米,预报显示,CZ6150 到达长春 17:30 以后天气也是满足新机长着陆标准的,但签派员根据高空风温图考虑到受冷空气影响,东北地区天气变化比预计要快,并与长春签派证实了此情况,随即向总部授权签派员通报,询问放行意见,并汇报给当日值班领导。经总部授权放行签派员评估天气后,建议 CZ6150 航班更换机长。签派员随即将此情况通报值班领导和其他席位值班员。后经与飞行部沟通协调,将原来执行北京至成都 CZ3903 航班的机组调来执行 CZ6150,原 CZ6150 机组执行其他航班。CZ6150 航班新机长更换及时,航班得以正常起飞。

17:00 以后长春发布天气实况报如下:

METAR ZYCC 180900Z 19003MPS 1500 BR BKN026 M06/M09 Q1016 NOSIG＝

METAR ZYCC 181000Z 13002MPS 090V240 1400 R24/P2000D -SN BR SCT010 OVC023 M06/M08 Q1015 NOSIG＝

能见度已经变为 1500 米,并且是继续下降的趋势,低于新机长的着陆标准。CZ6150 航班由于及时更换了机组,避免了因新机长着陆标准提高而造成航班备降等一系列不利问题的发生。

2. 总结

(1)加强边缘天气的监控是日常工作中永恒的主题。

(2)发现问题积极思考,主动与气象、站调、分公司签派、机组取得联系,详细掌握机场天气条件、变化趋势及运行状态,有效沟通,了解机组意图,与机组就放行决策达成一致意见。

(3)掌握并灵活运用规章。本案例中,在肯定电报 RVR 已不具备参考价值,且确认机场天气条件稳定,运行状态良好时可以考虑将其视作不能获得或者不可用,而以其他相关的合法数据作为放行依据。

案例三

1. 事件经过

2012 年 2 月 22 日,华东、华南、西南、西北等部分地区呈雾霾天气,东北大部地区有雨夹雪等恶劣天气。早上接班签派员监控到 CZ3104(北京—广州,预计起飞时间 1530)航班为新机长执行的航班,机长放行标准为能见度 1600 米,广州的预报显示不满足新机长放行标准(天气见下),考虑到 CZ3104 起飞时间为 15:30,签派员做持续关注处理。

TAF ZGGG 212204Z 220009 18003MPS 0300 -RA FG BKN005 OVC020 BECMG 0203 1000

09:21,广州发布新的预报显示广州天气已经转好,满足新机长放行标准(天气见下),

考虑到离航班出港时刻较早,签派员继续做持续关注处理。

TAF ZGGG 220107Z 220312 15003MPS 1400 BR SCT011 OVC020 BECMG 0405 2000

12:25,广州再次发布了新的预报,新预报显示广州天气持续转好,并趋于稳定,满足新机长放行标准(天气见下)。

TAF ZGGG 220417Z 220615 15003MPS 1600 BR SCT011 OVC020

广州机场天气实况也显示机场天气正逐渐转好(天气见下)。

METAR ZGGG 220000Z VRB01MPS 0500 R02R/0550N R02L/0800V1000U FG BKN020 18/17 Q1012 NOSIG

METAR ZGGG 220030Z 00000MPS 0500 R02R/0650N R02L/0700V1000N FG SCT002 OVC020 18/17 Q1012 NOSIG

METAR ZGGG 220100Z VRB01MPS 0600 R02R/0800V1000N R02L/0800V0900N -RA FG BKN005 OVC020 18/17 Q1012 BECMG TL0200 0800 -RA FG

METAR ZGGG 220130Z 00000MPS 0600 R02R/0700N R02L/0700N FG BKN005 OVC020 19/18 Q1012 BECMG TL0220 0800 FG SCT005 OVC020

METAR ZGGG 220200Z 00000MPS 0900 R02R/1000V1300D R02L/0750V0900N FG BKN005 BKN020 19/18 Q1012 BECMG TL0330 1500 BR SCT005 OVC020

METAR ZGGG 220230Z VRB01MPS 1000 R02R/0900V1100N R02L/1000V1400U BR SCT009 BKN021 20/18 Q1012 BECMG TL0330 1500 BR

METAR ZGGG 220300Z 23002MPS 190V270 1200 R02R/1100V1300U R02L/1400D BR SCT009 OVC021 20/18 Q1012 BECMG TL0400 1500 BR

METAR ZGGG 220330Z VRB01MPS 1300 R02R/1200V1300N R02L/1100V1200N BR SCT009 OVC021 20/18 Q1011 BECMG TL0400 1500 BR

METAR ZGGG 220400Z VRB01MPS 1300 R02R/1200V1400N R02L/1400N BR SCT009 OVC021 21/18 Q1011 BECMG TL0500 1500 BR

METAR ZGGG 220430Z 00000MPS 1300 R02R/1200V1300N R02L/1200V1300N BR SCT009 OVC021 21/18 Q1011 BECMG TL0530 1500 BR

METAR ZGGG 220500Z VRB01MPS 1300 R02R/1400N R02L/1400N BR SCT008 OVC023 21/18 Q1010 NOSIG

METAR ZGGG 220530Z VRB01MPS 1300 R02R/1300V1400N R02L/1200V1400N BR SCT009 OVC023 21/18 Q1010 NOSIG

METAR ZGGG 220600Z VRB01MPS 1300 R02R/1200V1400N R02L/1100V1300N -RA BR SCT009 OVC023 21/18 Q1009 NOSIG

13:00,CZ3104 航班机组到达出勤楼拿取资料进行航前准备,运行指挥部在出勤楼航务延伸席位值班员将广州 13:00 实况和 12:25 收到的 0615 预报提供给机组进行航前准备,此时 CZ3104 航班飞行计划还未在运行网上生成,签派员及时联系广州放行签派员了解情况,几分钟后广州放行签派员将 CZ3104 航班的飞机计划和放行单发送到运行网上,运行指挥部打印后提供给了机组。

根据我国气象报文发布的规定,下次更新 0918 预报时间应该为 15:30 左右,即在 CZ3104 航班起飞前的时刻正常情况下广州机场不会再有新的天气预报报文。由于在与广州放行签派员就飞行计划事宜进行沟通过程中,放行签派员对此航班没有提出任何意见。而且根据气象知识和工作经验,一般机场能见度在白天随着气温的升高会逐渐转好。基于上述情况,当值辅助放行签派员综合判断广州天气满足 CZ3104 航班的放行标准,航班予以放行。因当天全国其他机场天气都比较差,工作繁忙,签派员就将主要精力转到其他工作中。

14 点,广州发布了 0615 预报的更正报(此情况极少出现,天气见下),因当时签派员在忙于其他工作,忽略了对广州天气的持续关注,未及时向机组通报更新的预报。

TAF AMD ZGGG 220551Z 220615 15003MPS 1100 -RA BR SCT008 OVC020

CZ3104 航班于 16:04 自首都机场起飞,19:00 左右接广州总部动态位电话通知,机组在广州上空盘旋,观察天气形势,对降落无信心,考虑备降,希望返航北京,广州正在计算油量是否满足。19:15 左右,向广州动态位了解到,航班已决定备降香港,于 19:29 安全落地香港。

得知航班有可能备降的消息后,运行指挥部立即报告值班经理,值班经理立即报告公司值班领导,公司值班领导在获知该消息后指示,密切关注,坚决避免任何等级事件的发生,并做好后续工作,包括机务放行、航班放行等;运行指挥部要求签派员重点关注,每个时间点都需要报告。同时,广州总部决策两套方案,一是自北京带机长至香港或广州、深圳至香港,将航班飞回,二是安排一架 B777 执行航班至香港。考虑到航班有 400 多人,方案二的安排存在一定困难,需要等待航后飞机,同时不能解决根本问题,决定采用方案一。

21:25 左右,广州动态来电,广州白云机场实时观测显示,两条跑道视程均在 1600 米左右,满足标准,已与备降航班机组联系,同意多带油,带够在广州上空等待一小时的油量,如还是不能落地,则返航北京,为了做好两手准备。方案一继续执行,自北京带机长至广州然后去香港。22:40 左右查看系统时间,CZ3104 香港起飞时间变更为次日 03:45,询问广州总部,广州回复,总部领导研究后决定还是派机组去执行航班,到广州后乘坐 CZ633(吉林分公司执管/广州-香港)去香港。

广州白云机场 23 日凌晨 03:00 后天气转差,短时不满足落地标准,航班继续顺延。航班最终于 23 日早晨 06:12 起飞,06:46 安全落地广州。

2. 经验总结

(1) CZ3104 航班的新机长、广州的天气处在边缘、航班可以正常放行是已知的因素,简单地基于规章的运行可能无法妥善解决这个问题,这个潜在的风险也随着时间的推移,逐步成为影响航班运行的重要因素,以致航班备降。因此在值班过程中,提高运行风险情境意识尤为重要。

（2）充分认识到辅助放行席位责任之重大，签派室辅助放行签派员要及时监控天气动态变化，避免惯性思维，并且需主动提醒放行签派员，及时控制航班；同时加强业务学习，对 ETOPS、二次放行等特殊运行加深理解；在监控天气时，要实况与预报相结合，目的地天气与备降场天气相结合，经验与实际情况相结合，做到放行航班心中有数，避免出现航班运行"被动"局面，保障航班安全正常运行。

（3）因 A380 国内运行限制较多，及换季后国际航班数量的增加，特殊运行航班数量的增加，对 A380 放行工作要更加仔细。

 案例 2-2　机组调整错误案例

1. 事情经过

某日某公司飞行签派在公司某航班 A340 机型航班起飞前接到其他机组信息（5 月 4 日从伦敦返京机组），在伦敦已经没有 A340 机组，飞行签派先后与其公司驻伦敦航站、巴黎营业部、国内分公司联系协调，在航班起飞后，将巴黎 A340 机组临时调往伦敦执行航班回程任务，避免一次可能出现的重大质量事故。

2. 案例分析

根据事后从航站、机组、分公司飞行部了解的信息，可以发现虽然有相关规定，但是由于各单位对规定理解不一致，造成了在航班调整后机组安排问题被各个单位所忽视。此航班为临时调整，签派按照规定向分公司飞行部了解机组情况，飞行部当时答复有合适机组在伦敦（即 5 月 4 日返京的 A340 机组），在事后又出示机组要服从当地航站管理的规定并说明没有和机组联系的手段，机组在外执勤自己掌握一些原则就可以了（原则是如果驻外时间大于 7 天可以返回）；航班在夜间调整签派按照规定通知商务座控更换订座系统机型，后经过了解在夜间座控不修改系统里机型，只进行旅客保护，同时签派曾经试图和伦敦航站联系但是均没有联系上，也没有进一步沟通。由此可以看出，在航班计划安排上各个环节存在明显问题，确认环节实际上并不能够完全满足决策所需要信息的要求。如航站只看系统没有总部电话核实、飞行部只按照计划不考虑机组按照规定原则产生的变化（原则是如果驻外时间大于 7 天可以返回）、飞行签派部门没有和航站联系上得到确认信息、机组只按照原则要求未能坚持要求航站与总部联系。这是一起典型的预防事故屏障被击穿的事件，但是各个部门都有相关规定可以支持。

3. 改进措施

（1）将此情况通报全体值班人员，提高大家责任意识；

（2）随着大运行开展，公司在运控中心内部成立了机组运行部门统一管理分公司在京机组调配工作。

------- End -------

2.2 飞机的评估

2.2.1 性能限制

签派员在每次放行前需评估飞机起飞、巡航、着陆等各阶段性能限制。除飞机起飞、着陆等各种重量的限制外,还包括机场场地长度、飞机爬升、越障、胎速、飞机爬升梯度、刹车能量等限制,需结合起降机场的跑道情况(尺寸、标高、气温等),且不得超越飞机型号审定数据和运行极限数据,在不利情况下(短跑道、高温、高原机场)需要重点考虑。

如飞机保留涉及性能减损、限制,签派员应重点评估影响。必要时应告知性能工程师,协助处理计算相关数据。

2.2.2 飞机状况

飞机状况主要是指飞机的故障保留情况,在航班签派放行前是否符合 MEL/CDL 条款的规定,并且要考虑飞机在当前故障保留情况下施加的限制条件。根据当时的气象报告,如果所飞航路上可能有可用机载气象雷达探测到的雷暴或者其他潜在的危险气象条件时,机载气象雷达设备应当处于适航状态,否则,任何人不得按照仪表飞行规则条件签派或放行飞机。

当飞机具有 MEL/CDL 故障保留限制条款时,除经局方批准的非载客运行外(如维修调机),该飞机按照最低设备清单和运行规范中规定的所有适用条件与限制实施运行。

当签派员放行有故障保留的航班时,在实施签派放行前,需核实飞机故障情况(哪里故障)、核实工程排故情况(如何排故)、核实飞机放行依据(如何放行)的"三核实",确保航班运行安全。

1. MEL(最低设备清单)的结构

主最低设备清单(MMEL)是最低设备清单(MEL)的基础。各公司的最低设备清单都是由主最低设备清单发展而来,再配以本公司的各种要求复合而成,用来查询飞机上所安装的各种组件、部件、分系统、子系统等在功能缺失条件下,放行飞机的各项要求。

飞机在未依靠自身动力滑行前出现临时故障,机组可根据机务放行人员在《技术记录本》内签署的适航性放行意见,按 MEL 的规定处理。一旦飞机依靠自身动力移动,飞行组必须根据批准的《快速检查单》(QRH)处理设备失效,并参阅 MEL 是否适航。飞行过程中发现或出现的飞机故障或缺陷,飞行机组必须按照《操纵手册》处置,MEL 相关限制不适用。

如图 2-1 所示为 MMEL 某页的一部分,其内容释义如下:

(1) 左侧为条目(item):记载了各种子系统、分系统、组件、部件、功能等,前面同样带有 ATA 的章节代码,一般情况下与 AMM 等手册的代码 Chapter-Section 部分相一致,这一部分是可以在目录(table of contents)中查到的。

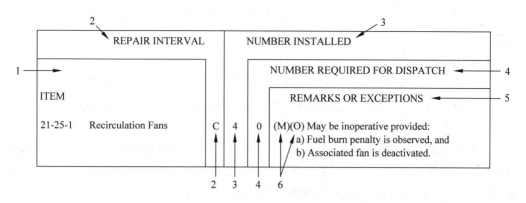

图 2-1　主最低设备清单（MMEL）

（2）维修间隔（repair interval）：按照要求需要维修的时间分为 A、B、C、D 四个类别。

A 表示没有规定标准的期限，但将在备注和例外（remarks or exceptions）部分规定的限制内完成修复工作。当规定了时间段时，应当以发现次日当地时间 00:01 时开始计算；

B 表示要在故障发生后的 3 个连续的日历日（72 小时）内完成修复工作，不包括发现当日，例如：26 日早上 10 点发生故障，则从 27 日子夜至 30 日子夜作为修理的最大时间间隔；

C 表示要在 10 个连续的日历日（240 小时）内完成修复工作，不包括发现当日；

D 表示要在 120 个连续的日历日（2880 小时）内完成修复工作，不包括发现当日；如果超过了上述时间限制要记录在飞机维修标记和/或维修记录中。

注：按照中国民航局关于故障放行的相关规定，A、D 类故障不得延期，B、C 类故障遇备件问题等可以向适航当局申请延长一个周期。

（3）安装数量（number installed）：飞机在正常情况下，已安装并正常工作的组件的数量。

（4）放行时需要的最小数量（number required for dispatch）：放行时飞机上至少需要该组件的数量。3、4 两项中"—"代表数量不确定。

（5）备注和例外（remarks or exceptions）：在特定数量的组件不工作条件下放行所需要的飞机状态和其他附带条件。

（6）符号"（M）"代表需要完成特定的维修程序才能在相应部件不工作情况下放行，这些程序一般由维修人员完成，也可以由具备相关认证和授权的个人来完成，需要特定知识或者技能，要求使用特殊工具或检测设备，要由维修人员完成，组织人员操作，完满地完成这些程序是营运人的责任，相应程序将作为运营手册（operation manual）和最低设备清单的一部分。

符号"（O）"代表需要完成特定的操作程序才能在相应部件不工作情况下放行，这些程序一般由机组人员完成，也可以由具备相关认证和授权的个人来完成，组织人员操作、完满地完成这些程序是营运人的责任，相应程序将作为运营手册和最低设备清单的一部分。这里需注意符号"(M)"和"(O)"除了民航局特别授权外,由营运人的最低设备清单(MEL)决定。

2. CDL(外形缺损清单)

外形缺损清单主要是说明飞机外部的各种舱门、盖板在放行时的安装要求。它的格式与最低设备清单基本相同,但除了该清单的基本内容外,还有在飞机上的位置。

(1) CDL 的限制

有关的限制条件必须写在一个标牌上,并将标牌固定在驾驶舱内机长和其他有关机组成员一目了然的位置。飞机因丢失某个部件而需要减少最大使用速度或最大使用马赫数(V_{MO}/M_{MO})飞行时,在飞行前,必须有适当的备用 V_{MO} 设置。

缺失的部件,放行前必须详细列入飞机放行文件,并通知机长,机长应当清楚地知道关于缺失部件所采取的每项操作。操作者应将每次飞行中缺失的部件都记入飞机飞行记录本内。

如果在飞行中又有一部件丢失,在飞机未恢复至 CDL 限制范围之前不能飞离事故发生后降落的机场,但这并不排除签发调机许可证,允许飞机飞到可修理或可换件的地方。

除专门指定的组合外,CDL 中任何一个子系统都不得丢失多于一个部件,若无他注,不同子系统的部件不允许丢失。外形缺损清单 CDL 没有提供缺失紧固件时的放行信息。

(2) CDL 的减载

除非有已事先明确的规定,多部件组合缺失时的性能减载均累加计算。对注明"性能损失可忽略"的项目(where performance penalties are listed as negligible),如缺失项目在3 项以内,可不再计算性能减载。若缺失项目超过 3 个,每缺失 1 项应减少起飞、着陆和航路爬高限制重量 100 磅(46 公斤)。对注明"不计性能损失"的项目(where performance penalties are listed as no penalty),此项目不管丢失多少,都不再计算减载。

 案例 2-3 飞机适航运行案例

一、APU 故障案例

9 月 24 日,08:45,签派室动态值班员按照机务发的三日计划制作 25 日北京分公司航班任务动态条,25 日某公司北京—重庆—拉萨—重庆—北京航班任务安排 B6098 飞机执行。随即值班员翻看 B6098 飞机 MEL 记录单,发现 9 月 15 日 B6098 因 APU 故障,不能执行高高原航班任务,17 日故障修复。值班员又查看交班记录本发现 9 月 22 日 B6098飞机执行北京—深圳航班,机组反映飞机 APU 故障。但签派室没有收到 B6098 飞机的APU 故障 MEL 保留单。

09:00,动态值班员询问机务 B6098 飞机状况,机务回复飞机 APU 故障,不能飞高高原机场。但 25 日三日计划中安排 B6098 飞机执行高高原航班任务,而拉萨机场又属于高高原机场,因此,北京分公司执管飞机航班三日计划的安排存在着致命错误。动态值班员立即将发现的情况通报带班主任,并及时与机务工程部门联系再次证实飞机限制。机务工程部门在接到信息后,承认北京分公司执管航班三日计划安排不当。在与机务沟通后,动态值班员积极分析航班运力结构,寻求合适的调整方案,考虑到公司在拉萨机场实施 RNP AR 程序,目前只安排北京分公司执管 B6098 以及 B6111 执飞拉萨航线,于是拟定将 25 日两飞机任务对调以满足飞机使用限制要求,更正三日计划的错误。在带班主任认同后,动态值班员与机务部门沟通将拟定方案实施并通报各个相关单位。

二、RNP 放行案例

10 月 24 日,签派室在制作航班三日计划时发现:机务安排 B6056 飞机 25 日执行北京—迪拜—北京航班。签派室制作的"北京分公司执管飞机 MEL 动态监控单"上记录,B6056 飞机有一个 MEL 项:22—83—01,且该 MEL 项限制飞机执行 RNP 程序。查阅 A330 飞机 MEL 手册后发现 B6056 飞机不能执行 RNP—4 程序且对 ETOPS 运行有一定影响,要求制定系统正常工作。飞行签派室向总部 SOC 导航通告室以及北京飞行部 A330 分部证实,北京—迪拜—北京航线要求运行 RNP—5 程序。另外,根据航行通告 C0653/10,乌鲁木齐机场 10 月 10 日至 11 月 18 日每日 0200 至 0700 因道面维护 07/25 跑道关闭。受该通告影响,迪拜—北京航线需要运行 ETOPS 程序。

基于以上两点,签派室认为 B6056 飞机不适合执行北京—迪拜—北京航班。但 24 日晚北京分公司执管 A332 飞机只有 B6056 在京过夜,次日上午抵达北京的 A332 型飞机也都衔接不上北京—迪拜航班。为避免北京—迪拜因无法放行导致长时间延误,飞行签派室仔细研究了北京分公司执管 A332 运行情况,经与机务协商,调整 24 日、25 日航班任务,本次航班调整未造成航班延误,且将原本过站时间不足的另外一个航班改为始发出港,提高了航班的正常性。

2.问题与讨论

(1) 如果你作为当班签派员,是否能关注到此问题? 发现此问题后,如何处理?

(2) 如何杜绝此类事件的发生?

对于大多数初入职场的同学来说,很多都会被分配到航班计划岗位,因此在制作三日计划时:

(1) 必须考虑飞机的适航性。

(2) 对于存在 MEL 的飞机,应关注该 MEL 的运行限制,并与机务部门确认该 MEL 的开启状态。

(3) 发现问题后,要落实报告制度,及时通报值班主任,并将信息通报相关部门,商榷解决办法。

(4) 结合北京分公司现有运行模式,三日计划由机务、生产办确定后,发送至运指部,由运指部录入航班系统中。目前机务、生产办负责三日计划的部门均不是倒班和 24 小时在岗制度,导致对于飞机适航性的监控存在漏洞,建议调整三日计划的处理流程,避免不安全事件发生。

———— End ————

3. 机载设备

包括通信、导航以及一些应急救生设备等，主要影响的是在边远山区飞行、高原飞行、ETOPS 运行、极地运行、低能见度运行、延伸跨水飞行等。签派员在放行涉及上述运行的航班时，必须查阅飞机故障保留信息，确认所需机载设备状态及数量，并确认飞机适航状况符合运行要求，否则不允许签派放行该次航班。

4. 飞机放行

（1）合格证持有人在每次完成维修工作和对任何缺陷、故障进行处理后，在符合下述（2）款要求后由合格证持有人授权的维修放行人员在飞机飞行记录本上签署飞机放行。

（2）飞机放行的条件如下：

① 维修工作是按照合格证持有人的要求进行的；

② 所有的工作项目都是由合格的维修人员完成，并按照《民用航空器维修单位合格审定规定》(CCAR-145)颁发了维修放行证明；

③ 没有已知的飞机不适航的任何状况；

④ 至目前所完成的维修工作为止，飞机处于安全运行的状态。

在规定的使用限制条件下，合格证持有人可以在符合局方批准的最低设备清单和外形缺损清单时，放行带有某些不工作的设备或者带有缺陷的飞机。

对于航线维修、A 检或者相当级别（含）以下的飞机定期检修工作及结合其完成的改装工作，如飞机放行结合《民用航空器维修单位合格审定规定》维修放行证明一同进行，则无须重复签署。

5. 签派放行

（1）新机型在某个机场初期运行，该机场是否具备该型飞机的机务放行权将直接影响飞机的运行。一般而言，新机型的初期运行均要有随机机务实施外站的飞机放行。责任签派员在选择目的地机场的备降场时，应充分考虑到航班发生备降后，该机场是否具备该型飞机放行权的机务，以保证航班的顺畅运行。

（2）在实际生产运行过程中，签派员应结合飞机运行区域、飞机保留限制、通告等方面，并参考机务、机组因素着重分析以下情况给予运行决策与建议，但不仅限于以下情况：

① 如果不满足本次运行起飞机场和目的地机场运行限制，应建议更换飞机；

② 如果不满足本次运行备降机场运行限制，应考虑选择其他可选备降机场；

③ 如果不满足航路运行要求，应考虑选择其他可选航路运行或者建议更换飞机；

④ 如果不满足航路气象要求，应建议更换飞机；

⑤ 如果不满足运行区域的运行要求，应建议更换飞机或者排故；

⑥ 如果需要调整起飞标准、着陆标准、备降标准，应确定这些运行标准的数值；

⑦ 如果需要调整最大巡航飞行高度，应咨询情报人员，按照高度层分配规则选择合适的飞行高度层制作飞行计划；

⑧ 如果需要调整飞机结构重量，应采取限制航班业载的办法控制飞机重量或者更换

飞机;

⑨ 如果需要调整性能限重,应咨询性能人员,并对照机场起飞/着陆分析,确定允许的起飞重量;

⑩ 如果需要增加额外燃油消耗,应将增加的额外燃油消耗作为本次运行的临时额外油补充进额外油当中;

⑪ 如果需要增加总油量,应将调整后的总油量作为本次航班放行的最低油量。

 案例 2-4　防滞刹车故障案例(南航)

1. 事件过程

8 月 15 日 0910Z,某公司飞机在北京出现 MEL 32-2 防滞刹车故障,需要性能减载。执行航段为北京—汕头,起飞时间 0910z,机型为 737-300。MEL 手册中 32-2 具体操作要求如下:

飞 行(O)程序

(1) 对-300/-500 飞机,如果没有采取维护措施,防滞电门应置于 OFF 位。

(2) 不允许用假设温度方法进行减推力起飞。

(3) 由于起飞及落地跑道长度的要求不同,必要时应减载。

(4) 由于防滞失效,按要求调节起飞及落地全重限制值。

(5) 人工放出减速板,因为防滞失效时,减速板自动伸出系统可能也不工作。

签派员查 FPPM 手册和起飞限重表知:

When operating with anti-skid inoperative...

A simplified method which conservatively accounts for the effects of anti-skid inoperative is to reduce the normal runway/obstacle limited weight by 7000kg and the V1 associated with the reduced weight by the amount shown in the table below.

ELEVATION　115 FT *** FLAPS 05 *** FOR CSN ONLY 737-300　CFM56-3-B1	AIR COND AUTO　ANTI-ICE OFF		RUNWAY 18L　　ZBAA CAPITAL BEIJING DATED 17-DEC-2007
A　INDICATES OAT OUTSIDE ENVIRONMENTAL ENVELOPE			
OAT	CLIMB	WIND COMPONENT IN KNOTS (MINUS DENOTES TAILWIND)	
C	100KG	-10　　　　0　　　　10　　　　20	
28	566	589*/37-41-48　600*/38-41-48　600*/38-41-48　600*/38-41-48	
		612**/60-67-72　612**/61-67-72　612**/61-67-72　612**/62-67-72	
		*=OBSTACLE/LEVEL-OFF,**=IMPROVED CLIMB	

减 7 吨后,航班的起飞最大重量为 53000kg。

查 FPPM 手册落地性能图表,见图 2-2,得到落地限重只有 51000kg。

Landing Field Length Limit

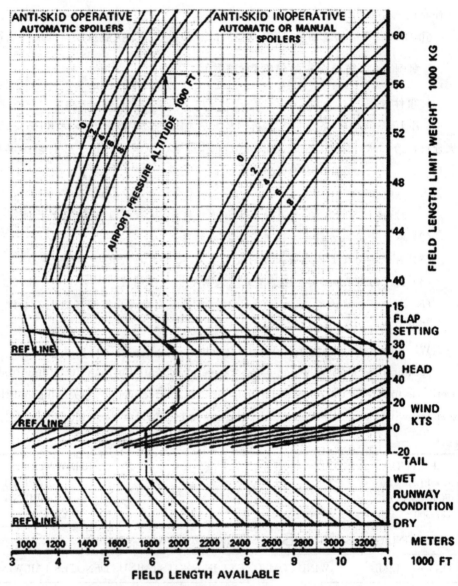

图 2-2　B737-300 机型 FPPM 手册落地性能图表

按起飞最大限制重量 53000kg、落地限制重量 51000kg 制作飞行计划：

航班号 / 24JUN08Z ZBAA 1235Z　-　ZGOW 1510Z			
ACFT B2909			
ZBAA DCT LADIX W40 BTO H2 XLN A470 SWA DCT ZGOW			
ETE 0235　　　FL 311 XLN 301			
ALL WEIGHTS IN KILOS			
ETOW　53000	ELDW　46581	EZFW　42427	EPLD　009432
MTOW　53000	MLDW　51000	MZFW　48307	APLD　…
TARGET ARRIVAL FUEL　　　4154KGS			
LOAD	FUEL	010800	0421

实际业载有 12 吨,无货物。若按照此方案限重,旅客都无法拉完,公司认为不可行。其他解决方案有:

(1) 将部分旅客转走。——实际运作不可行。

(2) 改飞机。——无飞机可改。

(3) 排故。——北京缺件,最快要从郑州带件,时间较长。

(4) 找性能人员制作新的起飞、落地性能图表。

签派员联系性能人员,根据飞机的 MEL 制作了北京机场的起飞限制表及汕头机场的落地限重表。得出的性能限制数据远远小于手册提供的限制数据:航班北京机场 18L 的起飞最大重量限制为 56600kg;汕头落地受飞机结构限重为 51709kg。制作新的航班计划,完全满足 12 吨业载的需求。

航班号 /24JUN08Z ZBAA 1235Z　-　ZGOW 1510Z			
ALL WEIGHTS IN KILOS			
ETOW　55568	ELDW　48940	EZFW　44995	EPLD 012000
MTOW　56600	MLDW　51709	MZFW　48307	APLD　…

签派员将新的飞行计划和起飞落地限重表转交到机组,并且将处置方案向机组做出了说明。机组认可了新的方案后,航班正常执行。

2. 案例分析与建议

此案例是关于性能减载的 MEL 问题。签派员遇到性能减载的问题时,通过查询 MEL 手册、AFM(飞机飞行手册)和 FPPM(飞行计划性能手册)手册查图表得出所需要的性能减载数值,然后根据实际风向风速、温度使用起飞限重表查出起飞全重,起飞全重减去所需要的性能减载数值就是性能减载后的起飞限制重量,然后再与结构限制重量比较取小值作为最后的起飞全重。

但是,我们可以发现,手册中提供的性能数据,往往是一个保守的、限制较大的数值,有可能对航班的运行造成较大的限制。因此,遇到此类事件时,并且时间比较充裕的情况下,应当及时与性能人员联系,通过性能软件得到一个准确可行的操作数值,这也是为签派放行提供一个可靠的依据。

———————————— End ————————————

2.3 气象条件的评估

放行签派员必须收集与熟悉所有可能影响航班安全运行的机场气象实况、预报,航路预报,确认相应的天气实况报告、预报或两者的组合,表明所飞航路和签派放行单中所列的每个机场的气象条件,在飞机起飞、航路飞行、预计到达时处于或高于经批准的最低运行标准,否则不得签派放行飞机。

对于国内、国际定期载客运行,飞行签派员在签派飞机前,应当完全熟悉所飞航路、机场的气象实况报告和预报,否则不得签派或者放行该次飞行。对于补充运行,机长应当完全熟悉所飞航路、机场的气象实况报告和预报,否则不得开始该次飞行。

2.3.1 气象信息来源

1. 日常航空天气报告

日常航空天气报告(usual aviation weather reports)是指机场气象台对天气进行定时观测的报告和发布。一般每小时进行一次。内容包括站名、时间(世界时)、风向、风速、能见度/RVR(跑道视程)、天气现象、云、温度/露点、气压值及补充说明等。这种报告一般以填图和电码两种格式提供。

日常航空天气报告的报头格式:

第一段:ZCZC TYMXXX

ZCZC TYM 为关键字,一般不变,XXX 为所发电报编号,如第 25 份电报为(ZCZC TYM025)。

第二段:GG/DD

GG 为关键字,指普通报,DD 也是关键字,指危险报,后面跟八个字符为一组的收报地址,前四个字母为机场四字代码,后四个字符为收报部门,如气象台为"YMYX",国际民航收集中心为"YPYX",发电台为"YFYX",站调为"ZPZP",区调为"ZXZX"。

第三段:YYGGgg

发报地址 YYGGgg 表示发报的日、时、分(世界时)。后面也用八个字符。如"230855 ZUGHYMYX"表示是由广汉机场气象台于 23 号 08 时 55 分(世界时)发的电报。

第四段：TTAAKK CCCC YYGGgg　　BBB

TT 表示气象电报的类别,见表 2-5。

表 2-5　民航几种常见的天气报

电码(TT)	电 报 类 别	电码(TT)	电 报 类 别
SA	日常航空天气报告	FR	航路天气预报
SP	特选天气报告	FA	区域天气预报
FC	航站天气预报(小于 12 小时)	WS	重要天气预报
FT	航站天气预报(大于 12 小时)	US	飞机空中报告

AA 表示地理代码,如中国用"CI"表示。

KK 表示中国各区编码,见表 2-6。

表 2-6　中国各区编码

KK	指 示 范 围	KK	指 示 范 围
31	北京气象收集中心(第一部分)	36	ZH-华中
32	北京气象收集中心(第二部分)	37	ZU、ZP-西南
33	ZB-华北	8	ZL-西北
34	ZS-华东	39	ZY-东北
35	ZG-华南	40	ZW-乌鲁木齐

报头举例：

ZCZC TYM001

　GG ZUUUYMYX ZPPPYMYX ZGKLYMYX

　230355 ZUGHYMYX

　SACI37 ZUGH 230400

译文:第一份电报,23 号 03 时 55 分(世界时)由广汉机场气象台发给双流机场、昆明机场、桂林机场气象台的一份广汉机场 23 号 04 点的日常天气报。

2. 特选航空天气报告

特殊观测是指在两次正点观测之间,当指定的要素达到某一数值或重要的天气现象出现(终止或消失)时而进行的观测。而对这种观测的报告称为特选航空天气报告(special aviation weather reports)。当某一天气要素变坏伴随另一天气要素好转(例如云降低而能见度好转)时也需要一份 SPECI 报告。特选天气报告的电码有两种形式,即 SPECI 形式和缩写明语形式。SPECI 形式的电码格式与 METAR 相同。只是 SPECI 代替了 METAR 作为特选航空天气报告的报头。特选报编报时,METAR 中无关的项可以省略。相关的各项编报方法和 METAR 中与之相对应的项相同。

3. 航站天气预报

对于某一机场的地面天气预报就是航站天气预报(terminal weather forecast)(FT 或 FC)。它是机长用于了解某一特定机场的未来天气情况的最佳途径之一。起降航段上的有关机场(包括备降场)气象台,均于第一架飞机预计起飞前两小时负责提供航站天气预报,第二次提供的航站天气预报有效时间开始前 1 小时提供,最后一份报根据夜航结束时间由夜航班次决定是否继续发报或发延长报(延长时间只限 3 小时)。预报的有效时间是从预计起飞时间开始或适当提前至正点,终止时间是预计飞机降落(飞越)本站时间后 1 小时。非航路飞行(只在航站范围内飞行活动),提前 1 小时提供航站预报,现只做书面报,不对外发布。航站预报的时段一般为:22—09 或 23—09;03—12;06—15;09—18;12—21;15—24。航站天气预报的内容主要有地面风、能风度、天气现象和云等,一般以表格形式、电码 TAF 格式和缩写明语发布。

4. 电报举例

(1) METAR ZGGG 0200Z 18003MPS 4500 ＋RA OVC060 18/16 Q997

实况报 广州白云机场 02 时(UTC)风向 180 度 风速 3 米/秒 能见度 4500 米 大雨 云底高 1800 米阴天 温度 18℃ 露点温度 16℃ QNH997 百帕

(2) METAR ZPPP 0400Z VRB02MPS 3000 BR BKN40 M04/M08 Q1015 BECMG FM0430 36005MPS 6600

实况报 昆明天水机场 04 时(UTC)风向不定 风速 2 米/秒 能见度 3000 米 轻雾 云底高 1200 米多云 温度−4℃ 露点温度−8℃ QNH1015 百帕 从 04 时 30 分 将变为 风速 360 度 5 米 能见度 6600 米

(3) TAF ZYTX 0110 VRB02MPS 0400 FG SCT070 FM0430 32005MPS 2500 BR BKN040

预报 沈阳桃仙机场 有效时间段 01—10 点(UTC)风向不定 风速 2 米/秒 能见度 400 米 雾 云底高 2100 米 3—4 个云量 从 04 时 30 分起 风向 320 度 风速 5 米/秒 能见度 2500 米 轻雾 云底高 1200 米多云

(4) METAR ZSHC 112300Z VRB01MPS 1500 R25/1300VP1500N HZ NSC 06/ M06 Q1030 NOSIG＝

实况报 杭州萧山机场 11 日 23 时(UTC)风向不定 风速 1 米/秒 能见度 1500 米 25 号跑道 RVR 最低 1300 米最高超过 1500 米 有变化但是趋势不明显 霾 没有重要云 温度 6℃ 露点温度−6℃ QNH1030 百帕 未来 2 小时天气没有明显变化趋势

(5) TAF ZBAA 202045Z 210024 36004MPS 3500 BR SKC BECMG 0405 0912 FEW030CB TX34/07Z TN28/12Z

航站天气预报 北京首都机场 20 日 21:45(UTC)有效时间段 21 号 00—24 点 (UTC)风向 360 度 风速 4 米/秒 能见度 3500 米 轻雾 碧空 在 4—5 时和 9—12 时 (UTC)天气发生变化 12 时(UTC)起 云底高 900 米 少云积雨云 07 点(UTC)最高温度 34℃ 12 点(UTC)最低温度 28℃

(6) ROFOR 0109 ZUUU ZBAA BKN900 7230180 SCT340 736/// 642406 533203 4300M12 270050

航线预报 有效时间段 01 时—09 时(UTC) 成都—北京航路 云底高 2700 米多云 云顶 6900 米 0 度等温线 5400 米 云底高 7200 米疏云 云顶 7800 米 中度积冰 积冰层高度 7200 米 厚 1800 米 晴空中度颠簸 不频繁 最低颠簸层高度 9600 米 厚度 900 米 9000 米 零下 12℃ 风向 270 度 风速 50 米/秒

2.3.2　天气标准

各公司的《运行规范》中规定,机长和责任签派员必须执行公司的运行最低标准。公司的运行最低标准不低于局方为该机场制定的最低运行标准或公司制订的某一机场的运行标准,同时满足 CCAR-121 部、CCAR-97 部、CCAR-91 部及相关咨询通告的规定。责任签派员必须根据公司运行最低标准判断天气情况是否符合放行标准。

1. 目视飞行规则的起飞和着陆最低天气标准

如本场空域符合目视气象条件,可以在本场按目视飞行规则飞行;如当前气象报告或当前气象报告和气象预报的组合表明本场、航路和目的地的天气符合目视气象条件,可以按照目视飞行规则进行航路飞行。

对于目视飞行规则国内运行,合格证持有人应当遵守涉及民航管理的规章(CCAR-91)中有关起飞和着陆最低天气标准的规定。按目视飞行规则签派放行飞机前,必须确认可获得的天气报告、预报或两者的组合,表明从签派放行飞机飞行时刻起至飞机抵达签派单中所列各机场的时间内,整个航路的云底高和能见度处于或高于适用的目视飞行规则最低标准,否则不得签派放行飞机按目视飞行规则飞行。

2. 仪表飞行规则的起飞和着陆最低标准

对于仪表飞行规则国内、国际(地区)运行,不论空中交通管制是否许可,当由局方批准的气象系统报告的天气条件低于公司运行规范的规定时,飞机不得按仪表飞行规则起飞。按仪表飞行规则签派放行飞机飞行前,必须确认相应的天气实况报告、预报或两者的组合,表明在签派单中所列的每个机场的天气条件,在飞机预计到达时处于或高于经批准的最低标准,否则,不得签派放行飞机按仪表飞行规则飞行。

如果合格证持有人的运行规范没有规定该机场的起飞最低标准,则使用的起飞最低标准不得低于民航局为该机场制定的起飞最低标准。对于没有制定起飞最低标准的机场,可以使用下列基本起飞最低标准:

(1) 对于双发飞机,能见度 1600 米;

(2) 对于三发或者三发以上飞机,能见度 800 米。

起飞最低标准通常只用能见度表示。如果在仪表离场程序中规定一个安全飞越障碍物所要求的最小爬升梯度(或使用缺省值 3.3%),并且飞机能满足规定的爬升梯度时,起飞最低标准才可以只用 RVR/VIS 表示。如果要求目视避开障碍物(包括不公布程序设计梯度 PDG 的近距离障碍物)时,起飞最低标准应当包括 RVR/VIS 和云底高,并在公布的离场程序图中标出该障碍物的确切位置。要求看清和避开障碍物所需的能见度,按起飞跑道的离地端至障碍物的最短距离加 500 米或 5000 米(对于机场标高超过 3000 米的机场,为 8000 米),两者取较小数值。

A、B 类飞机最小 RVR/VIS 不得小于 1600 米,C、D 类飞机不得小于 2000 米。起飞最低标准中的云底高至少应当高出控制障碍物 60 米。云底高数值按 10 米向上取整。

对于两发(含)以上飞机,如果飞机在起飞中任何一点关键发动机失效后能够停住,或能够以要求的越障余度继续起飞至高于机场 450 米(1500 英寸),则起飞最低标准可以使用的最低值见表 2-7;如无 RVR 测报,对于表 2-7,可以使用的 VIS 最低值为 800 米。

表 2-7　起飞最低 RVR

设　　施	RVR(米)
无灯(仅昼间)	500[①]
跑道边灯和中心线	400[①②]
跑道边灯和中线灯	200/250[②③⑤]
跑道边灯和中线灯以及多个 RVR 信息	150/200[②③④⑤]

注:① 接地区的 RVR 为控制 RVR,该值也可由驾驶员目测估算;
　　② 对于夜间运行,还要求有跑道末端灯;
　　③ D 类飞机采用较高值;
　　④ 要求 A 类飞机必须有接地区的 RVR 报告,BC 类飞机必须有接地区和中间点两个位置的 RVR 报告,D 类飞机必须有接地区、中间点和停止端三个位置的 RVR 报告,并且所需的 RVR 报告都不小于规定值;
　　⑤ 使用低能见度起飞(LVTO)应当满足以下条件:
　　　　a. 机场低能见度程序(LVP)正在实施中;
　　　　b. 跑道中线灯(RCLL)间距不大于 15 米。

 案例 2-5　天气原因影响的运行案例

2 月 11 日下午到晚上,大连开始降雨,能见度降低,并且随着时间的推移,温度也在降低。

以下是北京时间 15:00—18:30 的天气和实况。

ZYTL 111030Z 12005MPS 2000 -RA BR SCT002 BKN033 05/05 Q1016 NOSIG=

ZYTL 111019Z 111221 13006MPS 1400 BR SCT003 OVC033 TX05/12Z TN02/21Z BECMG 1718 0700 FG BKN003 OVC033 TEMPO 1216 1200 -RA BR SCT002 OVC033 =

ZYTL 111000Z 11007MPS 1800 -RA BR SCT001 OVC040 06/05 Q1016 NOSIG=

ZYTL 110930Z 11006MPS 1600 -RA BR SCT001 OVC033 05/05 Q1016 BECMG TL1100 1400 -RA BR=

ZYTL 110923Z 111212 13006MPS 1200 -RA BR SCT003 OVC033 TX04/12Z TN00/11Z BECMG 1617 0700 FG BKN003 OVC033 BECMG 0102 1200 BR SCT006 OVC040=

ZYTL 110900Z 10007MPS 1600 -RA BR SCT001 SCT002 OVC033 06/05 Q1016 BECMG TL1030 1400 -RA BR＝

ZYTL 110830Z 11005MPS 2500 -RA BR SCT006 BKN040 08/07 Q1016 NOSIG＝

ZYTL 110800Z 11004MPS 3000 -RA BR SCT006 BKN040 07/07 Q1016 NOSIG＝

ZYTL 110730Z 11003MPS 3000 -RA BR SCT006 BKN040 07/07 Q1016 NOSIG＝

ZYTL 110711Z 110918 13006MPS 3000 -RA BR SCT009 BKN040 TX06/09Z TN02/18Z＝

当时看天气情况还比较乐观,再加上多数航班在这个时间已执行完毕,对航班正常性并未造成影响。但根据 17:30 发的预报,大连天气预计会在 12 日凌晨转差,并预计会影响到第二天早出港航班。

ZYTL 110923Z 111212 13006MPS 1200 -RA BR SCT003 OVC033 TX04/12Z TN00/11Z BECMG 1617 0700 FG BKN003 OVC033 BECMG 0102 1200 BR SCT006 OVC040＝

根据 11 日当日晚上的后续预报,看到由凌晨转差的天气影响持续时间段在不断加长,从最新的报文来看,天气预计会在次日上午受大雾影响保持低能见度,并且下午天气也不会太乐观。随后在后半夜收到的关于大连机场的天气报文果然跟预报说的一样,甚至情况更差,能见度最低降到了 300 米。这种情况一直保持到了 12 日的早晨。

ZYTL 112130Z VRB01MPS 0300 R10/0650 FG SCT002 BKN020 04/04 1016 NOSIG＝

ZYTL 112100Z 13001MPS 0300 R10/0550 FG SCT001 BKN020 04/04 Q1016 NOSIG＝

ZYTL 112030Z 12001MPS 0300 R10/0500 FG SCT001 BKN020 04/04 Q1015 NOSIG＝

ZYTL 112000Z 13002MPS 0300 R10/0450 FG SCT001 BKN020 04/04 Q1015 NOSIG＝

ZYTL 111930Z 13001MPS 0300 R10/0500 FG SCT001 BKN020 04/04 Q1015 NOSIG＝

ZYTL 111909Z 120024 13004MPS 0700 FG SCT002 BKN026 TX05/04Z TNM02/21Z BECMG 0304 1200 BR SCT006 BKN030 BECMG 0708 35006G12MPS 3000 -SHRA BR＝

ZYTL 111907Z 112106 13004MPS 0500 FG SCT002 BKN026 TX05/04Z TN03/21Z BECMG 0102 0900 FG SCT004 BKN030 BECMG 0304 1200 BR SCT006 BKN033＝

ZYTL 111900Z 00000MPS 0300 R10/0650 FG SCT001 BKN020 04/04 Q1015 NOSIG＝

ZYTL 111830Z 00000MPS 0300 R10/0450 FG SCT001 BKN020 04/04 Q1015 NOSIG＝

ZYTL 111800Z 00000MPS 0300 R10/0375 FG SCT001 BKN020 04/04 Q1015 NOS-IG=

ZYTL 111730Z 00000MPS 0300 R10/0375 FG SCT001 BKN020 04/04 Q1015 NOS-IG=

ZYTL 111700Z VRB01MPS 0300 R10/0325 FG SCT001 BKN020 04/04 Q1015 NOSIG=

ZYTL 111630Z 11001MPS 0300 R10/0400 FG SCT001 BKN020 04/04 Q1015 NOS-IG=

运控中心根据天气预报,判定早出港的航班一定会受到此次低能见度天气影响,于是在航班起飞前三小时到五小时之间做出决策,根据载客量以及航班任务重要性将一部分航班做延误处理并对外发布该信息。

12 日大连早晨天气一直处于低于落地标准状态,因此公司去往大连的航班一直处于延误状态。虽然当时天气标准满足起飞标准,但受大雾影响飞机放行缓慢,本公司在大连的早出港航班也一直处于延误状态。

ZYTL 120200Z 12004MPS 090V150 0500 R10/0900 FG VV002 05/05 Q1016 BEC-MG TL0330 0600 FG=

ZYTL 120136Z 120312 13004MPS 0900 FG BKN002 BKN026 TX06/05Z TN04/12Z BECMG 0607 1200 BR BKN003 BKN030 BECMG 1112 2000 BR BKN004 BKN030=

ZYTL 120130Z 13004MPS 0300 R10/0900 FG VV002 05/05 Q1016 NOSIG=

ZYTL 120100Z 11003MPS 0300 R10/0500 FG VV001 05/05 Q1016 NOSIG=

ZYTL 120052Z 1200/1224 13004MPS 0500 FG BKN002 BKN026 TX06/1206Z TNM02/21Z BECMG 1203/1204 0900 FG BKN004 BKN030 TEMPO 1204/1210 1200 BR SCT006 BKN033=

ZYTL 120030Z 12002MPS 0300 R10/0700 FG VV001 05/05 Q1016 NOSIG=

12 日上午 10 点左右天气开始好转,大连机场滞留航班开始缓慢放行,但由于积压旅客多导致航班保障慢,放行速度十分缓慢,直至下午 14:30 才有本公司从大连出港的第一个航班,后续随着天气逐渐稳定,航班放行速度逐渐加快。期间受到当日天津低能见度的影响,部分大连进港航班进一步延误。

12 日晚上 22:00 左右大连天气转为雨夹雪,且温度急剧下降,预报表示雨夹雪至少会持续到 13 日早,且温度在明早回转到零下。考虑到后半夜的雨夹雪以及早晨较低的温度,我们推测 13 日大连机场可能会有积冰情况,不仅飞机会有积冰,跑道也可能会有积冰。于是运控中心对 13 日部分大连进出港航班做了延误处理,并等第二天情况。

ZYTL 121908Z 122106 01006G13MPS 2400 -RASN BR SCT010 BKN026 TX01/21Z TNM02/06Z TEMPO 2101 0900 SN FG SCT004 BKN026=

ZYTL 121512Z 121818 01006G13MPS 2400 -RASN BR SCT010 BKN026 TX03/

18Z TNM04/17Z TEMPO 1824 1300 -RASN BR SCT004 BKN026＝

ZYTL 121500Z 07003MPS 020V100 2000 -RASN BR SCT010 OVC026 06/06 Q1016 NOSIG＝

ZYTL 121430Z 02002MPS 320V050 1400 R28/P2000 -RASN BR SCT010 OVC026 06/05 Q1016 NOSIG＝

ZYTL 121400Z 03002MPS 310V090 2000 -RASN BR SCT010 OVC026 06/05 Q1016 NOSIG＝

13 日早晨除了出现了前日预估的雨夹雪以及积冰情况,还始料不及地出现了大风天气,运控中心考虑到以下几个因素:

(1)阵风较大,风切变严重。

(2)由于雨夹雪天气导致跑道湿滑有污染。

(3)飞机有积冰情况,早出港需除冰。

(4)雨夹雪正在向雪转变,且有变大趋势。

综合考虑以上因素,运控中心首先采取合并航班,尽量减少航班次数的措施。取消了一部分航班,并将另一部分航班延误至下午,以待天气好转后放行。

ZYTL 130400Z 35009G16MPS 320V030 0700 R28/1200 SN SCT006 OVC020 M03/M05 Q1016 NOSIG＝

ZYTL 130330Z 35009G15MPS 310V050 0700 R28/1100 SN SCT006 OVC020 M03/M05 Q1016 NOSIG＝

ZYTL 130311Z 130606 36010G18MPS 3000 -SN SCT006 OVC020 TXM03/06Z TNM10/21Z TEMPO 0612 0900 SN＝

ZYTL 130300Z 35008MPS 320V020 1000 R28/1500U -SN BR SCT006 OVC020 M03/M04 Q1016 NOSIG＝

ZYTL 130230Z 35009G14MPS 320V020 1400 R28/1300U -SN BR SCT006 OVC020 M03/M04 Q1016 NOSIG＝

ZYTL 130200Z 36009G14MPS 2000 -SN BR SCT006 OVC020 M02/M04 Q1016 NOSIG＝

ZYTL 130130Z 35009G15MPS 3000 -PL BR SCT006 OVC020 M02/M03 Q1016 REPL NOSIG＝

ZYTL 130110Z 130312 36010G18MPS 3000 -SN SCT006 OVC020 TXM02/03Z TNM06/12Z TEMPO 0307 0900 SN TEMPO 0307 -FZRA＝

ZYTL 130100Z 35009G14MPS 3000 ＋PL BR SCT006 OVC020 M02/M03 Q1016 NOSIG＝

ZYTL 130030Z 36010G16MPS 4000 PL BR SCT006 OVC020 M01/M03 Q1016 NOSIG＝

ZYTL 130005Z 130024 01009G17MPS 3000 -RASN BR SCT006 BKN026 TXM01/

00Z TNM06/22Z TEMPO 0004 -FZRA TEMPO 0006 0900 SN SCT004 BKN026＝

　　ZYTL 130004Z 130009 01009G17MPS 3000 -RASN BR SCT006 BKN026 TXM01/00Z TNM04/09Z TEMPO 0004 -FZRA TEMPO 0105 0900 SN SCT004 BKN026＝

　　ZYTL 130000Z 35011MPS 310V010 5000 -PL BR SCT006 OVC020 M01/M03 Q1015 NOSIG＝

　　ZYTL 122330Z 36010G15MPS 5000 -RA BR SCT006 OVC020 M00/M04 Q1015 NOSIG＝

　　ZYTL 122300Z 36010G15MPS 6000 -RASN SCT006 OVC020 00/M04 Q1015 NOS-IG＝

　　ZYTL 122230Z 36010G16MPS 330V030 6000 -RASN SCT006 OVC020 00/M04 Q1015 NOSIG＝

　　ZYTL 122200Z 36010G15MPS 6000 -RASN SCT006 OVC026 01/M04 Q1015 NOS-IG＝

　　ZYTL 122130Z 35008G13MPS 4000 BR SCT006 OVC026 01/M03 Q1015 NOSIG＝

　　ZYTL 122100Z 36007MPS 4000 -RASN BR FEW002 SCT006 OVC026 01/M02 Q1015 NOSIG＝

　　ZYTL 122030Z 36007MPS 320V020 4000 -RASN BR FEW002

　　但事与愿违，下午降雪没有丝毫减小，并且伴随着能见度降低风速增大的趋势，之前设想的预案无法顺利执行，公司将剩余大连出港航班全部取消，只有部分大连进港航班趁着中午天气暂时稳定的时段落地。其余较晚的进港航班也都取消了。取消的航班经过合并旅客后，大部分做了第二天的补班。以待 14 日天气能有所好转。

　　ZYTL 131600Z 34011G18MPS 9999 SCT020 M05/M13 Q1021 NOSIG＝

　　ZYTL 131530Z 34012G21MPS 9999 SCT020 M05/M13 Q1020 NOSIG＝

　　ZYTL 131509Z 1318/1418 35011G18MPS 3000 BR SCT020 TXM05/06Z TNM12/21Z BECMG 1400/1401 35008G14MPS＝

　　ZYTL 131500Z 35011G18MPS 310V020 9999 SCT020 M05/M13 Q1020 NOSIG＝

　　ZYTL 131430Z 35011G19MPS 310V020 9999 SCT020 M04/M12 Q1020 NOSIG＝

　　ZYTL 131400Z 35011G18MPS 9999 SCT020 M04/M12 Q1020 NOSIG＝

　　ZYTL 131330Z 35012G21MPS 320V030 9999 SCT020 M04/M13 Q1020 NOSIG＝

　　ZYTL 131311Z 131524 35011G18MPS 3000 BR SCT020 TXM06/15Z TNM10/21Z＝

　　ZYTL 131300Z 35012G21MPS 8000 -SN SCT020 M04/M13 Q1019 NOSIG＝

　　ZYTL 131230Z 35010G16MPS 320V020 8000 -SN SCT020 M04/M11 Q1019 NOS-IG＝

　　ZYTL 131200Z 35012G21MPS 8000 -SN SCT020 M04/M11 Q1019 NOSIG＝

　　ZYTL 131130Z 35013G21MPS 310V010 8000 -SN SCT020 M04/M10 Q1018 NOS-

IG＝

ZYTL 131100Z 35012G20MPS 320V020 8000 -SN SCT020 M04/M09 **Q1019** NOS-
IG＝

ZYTL 131030Z 35012G20MPS 310V020 6000 -SN FEW006 BKN020 M04/M09
Q1018 NOSIG＝

ZYTL 131013Z 131221 35011G18MPS 3000 BR SCT006 BKN020 TXM06/12Z
TNM12/21Z＝

ZYTL 131000Z 35013G20MPS 6000 -SN FEW006 BKN020 M04/M09 Q1018 NOS-
IG＝

ZYTL 130930Z 35014G20MPS 3000 -SN SCT006 OVC020 M04/M08 Q1017 NOS-
IG＝

ZYTL 130913Z 131212 35010G17MPS 3000 BR SCT006 OVC020 TXM05/06Z
TNM12/21Z BECMG 0102 35007G15MPS SCT020 TEMPO 1216 1600 -SN BR＝

ZYTL 130900Z 34011G17MPS 1600 -SN SCT006 OVC020 M04/M06 Q1017 NOS-
IG＝

ZYTL 130830Z 34011G17MPS 1100 R28/1700 -SN SCT006 OVC020 M04/M06
Q1017 NOSIG＝

ZYTL 130800Z 35011G18MPS 310V020 1400 R28/1900D -SN SCT006 OVC020
M04/M06 **Q1016** NOSIG＝

ZYTL 130730Z 34011G16MPS 1400 R28/P2000D -SN SCT006 OVC020 M04/M06
Q1015 NOSIG＝

ZYTL 130713Z 130918 35009G17MPS 3000 -SN SCT006 OVC020 TXM05/09Z
TNM09/18Z BECMG 1011 NSW＝

ZYTL 130700Z 34010G17MPS 1000 R28/1600 -SN SCT006 OVC020 M04/M06
Q1014 RESN NOSIG＝

ZYTL 130630Z 35010G16MPS 0800 R28/1200 SN SCT006 OVC020 M04/M05
Q1014 NOSIG＝

ZYTL 130600Z 35010MPS 1400 R28/1600U -SN SCT006 OVC020 M04/M05
Q1014 NOSIG＝

ZYTL 130530Z 35008G15MPS 300V020 1400 R28/1700U -SN SCT006 OVC020
M03/M05 Q1014 RESN BECMG TL0600 2000＝

ZYTL 130500Z 35008G14MPS 0700 R28/1200 SN SCT006 OVC020 M04/M05
Q1014 BECMG TL0600 1000 -SN＝

ZYTL 130430Z 35009G16MPS 310V020 0700 R28/1100 SN SCT006 OVC020 M04/
M05 Q1015 NOSIG＝

到 13 日晚间降雪已停止,能见度也已恢复到较高水平,只有风速较大。直到 14 日大连天气整体比较稳定,能见度较好,只是阵风风速较大,前日取消航班在当日的补班也顺利执行完毕。但因前日取消航班较多,当日积压航班量较大,航班延误比较严重。

————————————————— End —————————————————

3. 新机长的仪表飞行规则着陆最低天气标准

(1) 如果机长在其驾驶的某型别飞机上作为机长按照本规则运行未满 100 小时,则合格证持有人运行规范中对于正常使用机场、临时使用机场或者加油机场规定的最低下降高(MDH)或者决断高(DH)和着陆能见度最低标准,分别增加 30 米(100 英尺)和 800 米(1/2 英里)或者等效的跑道视程(RVR)。对于用作备降机场的机场,最低下降高(MDH)或者决断高(DH)和能见度最低标准无须在适用于这些机场的数值上增加,但是任何时候,着陆最低天气标准不得小于 90 米(300 英尺)和 1600 米(1 英里)。

(2) 如果该驾驶员在另一型别的飞机上作为机长在按照 CCAR-121 规则实施的运行中至少已飞行 100 小时,该机长可以用在本型飞机上按照 CCAR-121 规则实施运行中的一次着陆,去取代必需的机长经历 1 小时,减少要求的 100 小时的机长经历,但取代的部分不得超过 50 小时。

4. 备降机场的天气标准

备降机场包括起飞机场备降场、目的地机场备降场、航路备降场,其天气标准详见本章 2.6 节。

5. 运行标准的确定

最高标准的运行原则——所有载客飞行的运行中必须采用下列标准的最高值:

(1) 局方在运行规范中批准的公司运行标准;

(2) 机场资料公布的机场运行标准;

(3) 厂商在飞机手册中给出的飞机运行限制和要求;

(4) 公司根据具体机型的机载设备、飞机性能、飞行机组成员资格批准的运行标准和限制规定,并在运行手册中公布的运行标准。

6. 机场运行最低标准的确定

公司在运行新机场或在运行机场增加新机型时,充分考虑以下因素,确定机场公布标准的可用性,并向局方提交报告:

(1) 飞机的机型、性能和操纵特性;

(2) 飞行机组的组成及其技术水平和飞行经验;

(3) 所用跑道的尺寸和特性;

(4) 可用的目视助航和无线电导航设施的性能和满足要求的程度;

(5) 在进近着陆和复飞过程中可用于导航和飞行操纵的机载设备适用性;

(6) 在进近区和复飞区内的障碍物和仪表进近的超障高;

(7) 机场用于气象测报的设备;

(8) 爬升区内的障碍物和必要的超障余度;

(9) 使用机场指定的终端区仪表飞行程序和最低天气标准的适用性。

必要时公司根据 CCAR-97 部的规定或经局方批准的制定机场运行标准的方法,组织制定相应的终端区仪表飞行程序和标准,或在机场公布的标准上提高标准,公司标准必须报局方批准后执行。

 案例 2-6 边缘天气下的签派放行案例(国航)

1. 案例背景

某日某公司北京—宜昌航班,航班时刻 17:20—19:35。计算机飞行计划空中飞行时间 2 小时。宜昌机场最低运行天气标准(14 号跑道 ILS/DME 进近程序):能见度 800 米/跑道视程 550 米/决断高 60 米。

2. 运行过程

(1) 监控天气变化。16:45,航班已经开始上客,部分旅客已经登机。签派员监控到宜昌机场发布的 0918 时次的修订天气预报,报文如下:

TAF AMD ZHYC 240843Z 240918 18002MPS 800 -RA FG SCT010 OVC050 TX14/09Z TN10/18Z=

签派员立即查看航班放行评估时(即修订前)宜昌机场的预报天气,报文如下:

TAF ZHYC 240737Z 240918 16003MPS 1500 -RA BR SCT020 OVC050 TX14/09Z TN10/18Z=

(2) 初步处置意见。签派员意识到,修订的天气预报与放行评估时掌握的天气有重大变化,尤其是预报的能见度变化较大,已经下降到最低运行天气标准。16:50,签派员第一时间联系机组,告知机组天气预报变化,和机组协商飞机先不要推出,等待签派员详细分析天气后再做进一步决策,机长同意了签派员的建议。

(3) 综合分析天气。17:00,签派员联系宜昌机场气象预报部门,了解机场起雾的原因、未来发展趋势和持续时间。当地气象预报部门的分析结论是:受天气系统影响,宜昌机场能见度今晚就维持在 800 米上下,能见度短时能稳定在标准之上。签派员同时查看了最近几个时次的宜昌机场整点天气报文,如下:

METAR ZHYC 240700Z 17002MPS 1800 -RA BR NSC 16/12 Q1017 NOSIG=

METAR ZHYC 240800Z 00000MPS 1100 -RA BR FEW010 OVC050 15/12 Q1017 NOSIG=

METAR ZHYC 240900Z 00000MPS 0800 -RA FG SCT008 OVC050 15/13 Q1017 NOSIG=

(4) 签派员分析结果。综合宜昌机场天气预报部门的分析,结合宜昌机场连续 3 个小时的整点实况天气,宜昌机场的能见度呈持续下降趋势,而且接近于宜昌机场最低运行天气标准,能见度不稳定,结合实况和预报天气的组合情况,签派员认为,宜昌机场目前的天气情况是典型的边缘天气。

(5) 航班放行决策建议。签派员综合宜昌机场气象预报部门的意见、机场实况天气报文的趋势,根据对宜昌机场天气特征的了解以及积累的放行工作经验判断:如果放飞航班,备降的概率很大。随后,和机长进行了充分的讲解和沟通,共同达成一致意见:航班暂不放行,推迟航班起飞时刻。

3. 事件结果跟踪

签派员在做出了运行决策后,及时跟踪宜昌机场的天气变化情况,随后的天气报文如下:

METAR ZHYC 241000Z 29001MPS 0500 -RA FG SCT008 OVC050 14/13 Q1016 NOSIG=

METAR ZHYC 241100Z 20001MPS 0300 -RA FG SCT008 OVC050 14/13 Q1017 NOSIG=

METAR ZHYC 241200Z 00000MPS 0300 -RA FG SCT008 OVC050 13/13 Q1017 NOSIG=

18:00,公司宣布:当天的北京—宜昌航班取消,地面服务部门做好旅客解释和安置工作,次日补班运行。

4. 案例总结

1) 签派员履行工作职责,实时监控天气

该案例的放行签派员在完成了北京—宜昌航班放行评估工作之后,对目的地机场的天气进行了实时的监控,监控到目的地机场天气的变化,并及时通报机长,和机长进行沟通协商后作出运行决策,履行了CCAR-121赋予签派员的工作职责。(121.625条 国内、国际定期载客运行中飞行签派员向机长的通告:在开始飞行之前,飞行签派员应当向机长提供可能影响该次飞行安全的机场条件和导航设施不正常等方面的所有现行可得的报告或者信息,并且应当向机长提供可能影响该次飞行安全的每一所飞航路和机场的所有可得的天气实况报告和天气预报,包括晴空颠簸、雷暴、低空风切变等危险天气现象。)

2) 签派员工作敏感性强,处置得当

签派员监控到宜昌机场天气变化后,意识到天气呈下降趋势并且接近了运行标准。工作敏感性使得签派员引起了足够的重视。签派员处置应对思路清晰:第一时间先通报航班机长,目的是把重要天气信息及时传递;其次是先控制住马上要推出的飞机,避免机组在不知情的情况下起飞,以免错过最佳处置时机;随后再深入分析天气,和机长讲解沟通,最终做出航班运行的决策建议。

3) 分析天气透彻,决策果断

通过和当地的气象预报部门进行深入了解,结合机场实况天气报文的趋势,对宜昌机场气象特征有很深的了解,并基于积累多年的放行工作经验,签派员果断地做出了独立的决策,获得了机长、公司的认可。

综上所述,这是一次典型的边缘天气下签派放行决策的案例,签派员把住了安全关口,成功避免了航班备降,为公司的运行安全和效益做出了贡献。尽管宜昌机场的天气发展情况(宜昌机场天气在航班预计落地时段降到了天气标准以下)支持了签派员的分析判断,但作为一名签派员更应该具备的职业素养和技能是:严格履行规章赋予的职责,时刻保持足够的安全敏感性,依靠掌握的知识、技能、数据和经验去做独立的判断。

---------------------------- End ----------------------------

7. 标准示例

（1）起飞标准

机场的起飞标准一般在机场对外公布的机场图里能够查询到,如果起飞机场没有起飞标准,则按照 CCAR-121 部规章的起飞标准执行。机场的起飞标准示例见图 2-3。

起飞最低标准(有起飞备降场)(米)					主 要 灯 光	
飞机类别	RWY12R/30L, 12L/30R		LVP实施中 REDL RCLL		RWY12L	RWY12R/30L/30R
	跑道边灯	无灯(白天)	RWY12L/30R	RWY12L	RWY30R		
3发、4发 及 2发(涡轮) A B C D	RVR400 VIS800	RVR500 VIS800	RVR200 RVR250	HUD 需局方批准 RVR150	HUD 需局方批准 RVR200	PALS CAT III SFL PAPI TDZL REDL RCLL	PALS CAT I SFL PAPI REDL RCLL
其他1发2发	VIS1600						
注：无							
修改：风向标							

图 2-3　机场的起飞标准示例

（2）着陆标准

着陆最低天气标准分为非精密直线进近的标准、目视盘旋进近的标准、Ⅰ类精密进近的标准、Ⅱ类精密进近标准和Ⅲ类精密进近标准。目前国际民航组织统一规定的精密进近天气标准如下:

　　Ⅰ类:决断高不低于 60 米(200 英尺),能见度不小于 800 米或 RVR 不小于 550 米;

　　Ⅱ类:决断高低于 60 米(200 英尺)但不低于 30 米(100 英尺),RVR 不小于 300 米;

　　Ⅲ类:A. 决断高低于 30 米(100 英尺)或无决断高,RVR 不小于 175 米;

　　　　　B. 决断高低于 15 米(50 英尺)或无决断高,RVR 小于 175 米但不小于 50 米;

　　　　　C. 无决断高和无跑道视程限制。

机场的着陆标准示例见图 2-4。

		A	B	C	D
ILS/DME	DA(H) RVR/VIS HUD		90(60) 300(200') 550 / 800		
GP INOP	MDA(H) VIS		130 (100) 430' (330') 1100		130 (100) 430' (330') 1200
ILS CAT II	(DH) (RA) RVR		(30) / (100') (33) / (108') 300		(30) / (100') (22) / (108') 350　Ⓐ
ILS CAT III A	(DH) (RA) RVR		(15) / (50') (15) / (50') 175		
盘　旋	MDA(H) VIS	210 (175) 690' (580') 2500		265 (230) 870' (760') 3200	265 (230) 876' (760') 3600

图 2-4　机场的着陆标准示例

2.3.3 危险天气的放行

危险天气是指严重影响飞行安全的特殊天气现象,主要包括大雪、大雾、地面大风、低能见度、低云和低空风切变,以及飞机颠簸、飞机积冰和台风(热带风暴及航路或机场区域大面积雷雨)等。

获悉上述危险天气的实况或预报后,责任签派员应确保机组及时、准确地获知相关信息,严格按照公司的最低运行标准与责任机长共同实施签派放行。

1. 地面大风、低能见度、低云、低空风切变

获悉上述危险天气的实况或预报后,飞行签派员应严格按照机场运行标准进行放行,根据飞行时间、实况、预报等多种因素,判断航班在预计到达目的地机场时天气是否适航,决定是否放行航班,当存在备降风险时还需提前做好处置预案,并对机组进行讲解。

(1)地面大风时,应着重考虑机场跑道风向风速对起飞、着陆的影响,关注阵风对不同机型的影响、公司运行机型风速限制(低能见度风速限制、启动发动机风速限制、舱门风速限制、飞机系留问题等);

(2)当飞机有故障保留时,需要确认限制信息,根据了解的气象信息以判断所飞机场是否满足标准;

(3)当所飞机场导航设施设备故障时,要了解机场着陆标准,根据天气的实况、预报以及当地气象了解的情况,选择合适的跑道方向,分析能见度、云高是否满足标准;

(4)当所飞机场存在地面大风、低能见度、低云、低空风切变的天气时,签派员应根据飞行时间、实况、预报、流控等多种因素适当增加油量,做好讲解工作;

(5)在涉及低能见度放行前,责任签派员要确认机场 CAT Ⅱ 运行开放情况,核实机组是否有Ⅱ类运行资质,机场是否满足公司机型执行Ⅱ类运行标准要求,并注意核实机场风速风向是否满足机型Ⅱ类运行的顶风、顺风、侧风限制。

 案例 2-7 低能见度运行案例(南航)

1. 事件经过

12 月 11 日,北京-哈尔滨航班(记为航班 1),飞机状况适航,无故障保留,北京计划起飞时间 0745。航班于 0803 起飞,预计到达时间 0930,另一北京—哈尔滨航班(记为航班 2)也于 0749 从北京起飞,预达时间 0910。航班 1 起飞 20 多分钟后长春机场因为降雪于 0827 关闭,监控到长春机场关闭信息后,值班签派员立即查看了哈尔滨和沈阳的天气实况:哈尔滨 0800 实况能见度 1600 米,小雪,轻雾;沈阳 0800 实况能见度 4500 米,轻雾,多云。计算机飞行计划选的第二备降场长春已经关闭,但是第一备降场沈阳的天气实况较为理想,哈尔滨本场正常起降,经过综合评估认为继续飞往哈尔滨没有问题。

0900 左右,两航班先后进入哈尔滨区域,哈尔滨机场 0900 实况能见度 800 米,23 号跑道视程 1100V2000D,05 号跑道视程 750V1400D,降小雪;沈阳机场 0900 实况能见度 1800 米,小雨,轻雾,温度零上 2 度。经过对 0900 沈阳实况的分析,认为沈阳备降场仍然是适合的,当班签派员继续监控天气等待航班 1 落地。0912,航班 2 正常落地,航班 1 也将于 15 分钟后落地,在该航班落地前的间隙,哈尔滨机场部门测量跑道摩擦系数,0923 左右,突然决定关闭机场,机组在空中询问哈尔滨签派备降场安排情况,签派员随即联系沈阳接收航班 1 备降,机组做备降准备过程中,哈尔滨区调通知航班 1 机组沈阳停机位紧张,不接收备降(沈阳仅有的一个机位已给奥凯公司备降航班),机组立即反馈签派员,签派员一方面与沈阳协调,另一方面联系大庆站调,了解天气及跑道情况,大庆站调告知:能见度 1000 米,35 号盲降标准够,道面情况没有问题,可以接收。于是请大庆通知有关方面做好接收航班 1 备降的准备。

在与沈阳协调保障备降过程中,签派员经过综合考虑,一是沈阳 0900 实况小雨、轻雾温度 2℃;0930 实况转为小雨夹雪,温度零度,趋势转坏。签派与机组之间就沈阳天气和机上油量进行了充分沟通,考虑到沈阳机场在这种情况下可能出现跑道结冰情况,如果油量充足,则按计划前往沈阳备降,并做好沈阳不能落地前往大连备降的准备。机组计算油量后证实如果沈阳不能落地(如在沈阳落地剩余油量 3.2 吨),去沈阳以远的机场备降油量不足,而去大庆油量足够。二是长春在 0800 实况小雨、轻雾、温度 1℃的条件下关闭机场。因此时大庆天气够标准,且此前道面清理过,有航班起飞,跑道道面是好的,于是与机组沟通大庆天气及跑道情况后,最终决定备降大庆。

2. 案例总结

(1)冬季运行时,华北、东北新疆地区经常出现降雪天气,而导致机场突然关闭,影响航班的正常运行,此事件中,哈尔滨机场突然关闭,签派员沉稳处理,及时了解备降场天气及趋势,评估运行条件。

(2)结合飞行运行手册,查看相关标准,做到运行有规章依据。

(3)协助机组决策,全面考虑,避免出现因备降机场机位紧张不接收航班导致的紧急油量。

附件一:天气信息

哈尔滨天气实况:

METAR ZYHB 102200Z 18004MPS 5000 BR BKN040 M03/M05 Q1013 NOSIG=

METAR ZYHB 102300Z 17005MPS 2500 -SN BR BKN040 M03/M04 Q1013 TEM-PO 0800 SN FZFG=

METAR ZYHB 110000Z 18004MPS 1600 -SN BR BKN030 M02/M03 Q1012 TEM-PO 0800 SN=

METAR ZYHB 110100Z 24004MPS 0800 R23/1100VP2000D R05/0750V1400D -SN FZFG BKN030 M02/M02 Q1013 NOSIG=

METAR ZYHB 110200Z 27007MPS 1300 R23/1300N R05/1200N -SN BR BKN030 M04/M06 Q1014 NOSIG=

大庆天气实况:

METAR ZYDQ 110000Z 29006MPS 1000 -SN BR BKN030 M11/M12 Q1013 NOS-

IG＝

METAR ZYDQ 110100Z 29006MPS 1000 -SN BR OVC030 M11/M12 Q1013 NOS-IG＝

METAR ZYDQ 110200Z 29006MPS 1000 -SN BR OVC030 M10/M12 Q1013 NOS-IG＝

沈阳天气实况：

METAR ZYTX 110000Z 25004MPS 4500 BR OVC030 03/01 Q1018 NOSIG＝

METAR ZYTX 110030Z 24004MPS 2500 -RA BR OVC030 03/01 Q1018 BECMG 2500 -RA BR＝

METAR ZYTX 110100Z 26004MPS 1800 -RA BR OVC030 02/01 Q1019 NOSIG＝

METAR ZYTX 110130Z 33007MPS 2000 -RASN BR OVC030 00/M01 Q1020 NOSIG＝

METAR ZYTX 110200Z 34008MPS 3000 -SNRA BR OVC030 M01/M02 Q1021 NOSIG＝

METAR ZYTX 110230Z 36005MPS 3000 -SN BR OVC030 M01/M02 Q1021 NOS-IG＝

北京天气实况：

METAR ZBAA 102330Z 31010MPS CAVOK 02/M13 Q1023 NOSIG＝

METAR ZBAA 110000Z 32008MPS CAVOK 02/M14 Q1023 NOSIG＝

METAR ZBAA 110030Z 31010MPS CAVOK 02/M14 Q1024 NOSIG＝

METAR ZBAA 110100Z 31010MPS CAVOK 03/M14 Q1025 NOSIG＝

伊春天气实况：

METAR ZYLD 110000Z 13008MPS 6000 SCT030 M09/M13 Q1014＝

METAR ZYLD 110100Z 12007MPS 5000 BR FEW030 M09/M13 Q1013＝

METAR ZYLD 110200Z 13007MPS 5000 BR FEW030 M09/M13 Q1012＝

METAR ZYLD 110300Z 10005MPS 3500 -SN BR NSC M09/M12 Q1011＝

长春天气实况：

METAR ZYCC 110000Z 20004MPS 2000 -RA BR SCT010 OVC020 01/01 Q1014 NOSIG＝

METAR ZYCC 110100Z 23006MPS 1400 R24/1800U -RASN SCT004 OVC020 01/00 Q1015 NOSIG＝

METAR ZYCC 110200Z 30007MPS 1300 R24/1400U -SN SCT004 OVC020 M03/M03 Q1016 NOSIG＝

METAR ZYCC 110300Z 29005MPS 260V320 2000 -SN SCT010 OVC020 M06/M08 Q1017 NOSIG＝

附件二:相关标准

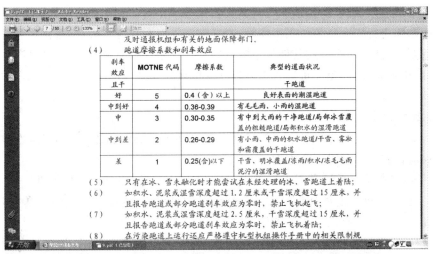

（4）　跑道摩擦系数和刹车效应

刹车效应	MOTNE 代码	摩擦系数	典型的道面状况
且干			干跑道
好	5	0.4（含）以上	良好表面的潮湿跑道
中到好	4	0.36-0.39	有毛毛雨、小雨的湿跑道
中	3	0.30-0.35	有中到大雨的干净跑道/局部冰雪覆盖的粗糙跑道/局部积水的湿滑跑道
中到差	2	0.26-0.29	有小雨、中雨的积水跑道/干冰、雾凇和霜覆盖的干跑道
差	1	0.25（含）以下	干雪、明冰覆盖/冻雨/积水/冻毛毛雨泥泞的湿滑跑道

（5）　只有在冰、雪未融化时才能尝试在未经处理的冰、雪跑道上着陆;

（6）　如积水、泥浆或湿雪深度超过1.2厘米或干雪深度超过15厘米,并且报告跑道或部分跑道刹车效应为零时,禁止飞机起飞;

（7）　如积水、泥浆或湿雪深度超过2.5厘米,干雪深度超过15厘米,并且报告跑道或部分跑道刹车效应为零时,禁止飞机着陆;

（8）　在污染跑道上运行还应严格遵守机型机组操作手册中的相关限制规

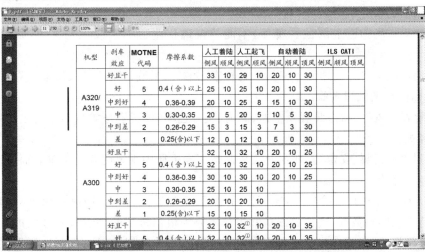

机型	刹车效应	MOTNE 代码	摩擦系数	人工着陆		人工起飞		自动着陆		ILS CATI		
				侧风	顺风	侧风	顺风	侧风	顺风	侧风	顺风	顶风
A320/A319	好且干			33	10	29	10	20	10	30		
	好	5	0.4（含）以上	25	10	25	10	20	10	30		
	中到好	4	0.36-0.39	20	10	25	8	15	10	30		
	中	3	0.30-0.35	20	5	20	5	10	5	30		
	中到差	2	0.26-0.29	15	3	15	3	7	3	30		
	差	1	0.25(含)以下	12	1	12	0	5	0	30		
A300	好且干			32	10	32	10	30	10	25		
	好	5	0.4（含）以上	32	10	32	10	30	10	25		
	中到好	4	0.36-0.39	30	10	30	10	30	10	25		
	中	3	0.30-0.35	25	10	25	10	30	10	25		
	中到差	2	0.26-0.29	20	10	20	10	30	10	25		
	差	1	0.25(含)以下	15	10	15	10	30	10	25		
	好且干			32	10	32①	10	30	10	35		
			0.4（含）以上	32	10	32①	10	30	10	35		

泥泞的湿滑跑道

（5）　只有在冰、雪未融化时才能尝试在未经处理的冰、雪跑道上着陆;

（6）　如积水、泥浆或湿雪深度超过1.2厘米或干雪深度超过15厘米,并且报告跑道或部分跑道刹车效应为零时,禁止飞机起飞;

（7）　如积水、泥浆或湿雪深度超过2.5厘米,干雪深度超过15厘米,并且报告跑道或部分跑道刹车效应为零时,禁止飞机着陆;

（8）　在污染跑道上运行还应严格遵守机型机组操作手册中的相关限制规定,并应充分考虑到机组能力等因素,尊重机组的决定。

9.3.3　备降机场指定原则（CCAR121.609/637/639/641）

9.3.3.1　目的地和起飞机场的备降机场应优先选择满足运行标准和运行要求、距离目的地机场或起飞机场较近的机场;

9.3.3.2　如果航班运行需要指定备降机场而在签派放行单中没有列明的,必须补充签发签派放行单;

9.3.3.3　指定备降场时应充分考虑该机场的消防能力等客观运行条件,但在缺乏消防等相关信息时也不应排除这些机场作为备降场使用;

9.3.3.4　作为 ETOPS 运行备降场时,机场救援和消防能力不需要列为考虑因素;

9.3.3.5　起飞机场备降场

2. 飞机颠簸

当航空器进入颠簸区,会造成飞行器突然抬升或下降,轻则造成人员受伤,重则飞行器损坏而影响飞行安全。对于飞机颠簸,责任签派员应在放行飞机前,根据民航气象中心提供的重要天气图、颠簸图或其他气象资料中详细了解飞行区域内或航线上产生颠簸的可能性,向机长通报,以免飞机进入强阵性气流区域。

3. 降雪积冰

(1)地面积冰

当机场天气报文或通告显示该机场存在寒冷降雪或低温积冰的情况时,签派员在放行航班时应该着重注意以下几方面。

① 了解飞机防冰系统是否工作正常,如果工作不正常,则禁止放行飞机。

② 了解所飞机场是否具有除冰、防冰能力,如果没有,则研究天气演变情况,看航班在此机场的起飞时刻有没有结冰条件。

③ 如果所飞机场及所选备降场正在降雪,则了解机场道面情况,是否具有清雪能力及清雪所需时间。

④ 如果机场跑道全部被雪覆盖,不能目视确认跑道标志或机场关闭,则禁止放行飞机。

⑤ 提示机长要完成地面冰冻污染物检查,如果机长确认飞机的关键表面存在冰冻污染物,应确保在飞机起飞前:

a. 附着在风挡、动力装置及空速、高度、爬升速率、飞行姿态等仪表系统上的霜、雪或者冰已经被清除。

b. 附着在机翼、安定面、舵面及飞机制造厂家手册中规定的其他关键表面的冰、雪或者霜已经被清除。

⑥ 当航空器进行了除冰/防冰工作后,如飞机制造商提供了防冰液污染对起飞性能和失速特性的影响数据,责任签派员和机长还应当根据机型的特点和除冰液的特性采取适当的补偿措施(如减小载重或者提高起飞速度),具体数据应以飞机制造商提供的数据为依据。

⑦ 签派员还应根据了解各地机场除冰液类型,提示机组在除冰液的有效时段内起飞。

(2)航路积冰

对于航路积冰的判断,签派员应根据起飞机场、航路、目的地机场和备降机场的天气实况和预报、高空风图、重要天气图、卫星云图、积冰图等气象资料或者通过飞行员、管制单位反馈,按下列要素判断起落航线机场和航路是否存在结冰条件。

温度:0℃~-20℃占80%;-2℃~-10℃占68.3%;

湿度:一般发生在温度露点差小于7℃范围内,0℃~5℃最多、最强;

云状:积云、积雨云最强,层云、层积云、雨层云、高层云积冰较弱。

为了预防飞机积冰,飞行前,责任签派员和机长应详细研究天气,着重了解飞行区域的云、降水和气温分布情况,判明飞行中可能发生积冰的区域,确定绕过积冰区的途径;或者在必须通过积冰区时,选择积冰最弱和通过积冰区时间最短的航线。

必须确保当已知或不能确定是否有结冰条件时,除非飞机装有被认证的相应的设备,否则不得运行。

4. 高温和风向对重量的影响

在夏季高温条件下,对于一些自重较大的飞机、部分高原机场和存在障碍物的特殊机场,尤其要注意严格按照以下步骤对重量进行控制(对于不同跑道方向对载量影响较大的特殊机场更要特别关注):

(1)首先参照该机型的相应航线分析的限制温度,核对起飞机场的实况和预报温度是否超出限制温度;

(2)检查航班预计到达时机场风向,确定适用跑道;

(3)在确定起飞油量后再结合飞机的自重,计算出该航班的最大业载;

(4)在预案未确定时要及时通知相关机场不要加油,要及时将载量限制信息及可采取的措施(如选取较近备降场、加降、密切监控行李重量、更换跑道、航班延迟等待机场温度降低等)与配载部门、机长进行通报,使预案能够顺利实施。

5. 雷暴

由对流旺盛的积雨云引起的伴有闪电雷鸣的局地风暴称为雷暴。它是积雨云强烈发展的标志。在雷暴区,除雷电现象外,还有强烈的湍流、积冰、阵雨和大风,有时还有冰雹、龙卷和下击暴流,会严重危及飞行安全。在雷雨天气下放行航班时,签派员应该注意:

(1)当天气预报报告航班涉及的机场或飞行沿途可能有雷雨或机载气象雷达发现有遭受潜在的危险天气时,只有当机载气象雷达工作正常时才能按仪表飞行规则对航班实施签派放行,否则不得实施签派放行或建议更换飞机执行;

(2)在飞机起飞前,机长和签派员应当根据气象情报,特别是最新的天气报告和预报,分析雷雨的性质、发展趋势和移动方向等因素,选择绕飞雷雨航路和备降机场,共同研究决定航班能否放行;

(3)签派员在制作飞行计划时,应根据雷雨持续时间、航路绕飞距离、预计的流控等因素适当增加油量,以应对突发情况,并向机组做好讲解工作。

6. 沙尘天气

沙尘天气主要是指尘土沙粒被风吹起而造成能见度下降视程阻碍现象。这种天气按水平能见度的大小可分为三个等级,即浮尘、扬沙和沙/尘暴。沙尘天气常常伴随着大风、低能见度的情况,除此之外,航空器在沙尘天气下运行,容易将空中的砂石吸入发动机内而造成发动机损伤,影响飞行安全,所以在放行航班飞往有沙尘天气的机场时,签派员应做到:

(1)根据天气的实况、预报和机场气象了解所飞机场的天气状况及趋势,如伴有大风、低能见度的情况,应着重考虑机场跑道方向和天气标准、公司运行机型风速限制是否满足规定,严格按照标准放行;

(2)参考机务意见,了解清楚各机型对沙尘天气放行的要求,以及沙尘天气下运行机务所需的工作内容、时间、能力等问题;

(3)综合考虑天气情况、机务维修情况、公司运力、航线分布等情况,做出合理的运行决策；

（4）向机组进行讲解工作，并做好预案。

7. 火山灰

火山灰由火山喷发产生，由含硫气体、尘埃、矿物质等组成，在平流层可形成火山灰云（硫酸云），有极强的静电放电现象。火山灰在飞行中不易目视发现，机载气象雷达也不能探测到，对飞行危险很大。火山灰信息的获取主要是起飞前，向航行部门了解航线附近有无火山喷发和火山灰云报告。如有，应利用气象资料分析火山灰云的高度和范围，根据预报的高空风计算出飞行期间云的移动，做好绕飞计划，避免在火山灰云中飞行，如遭遇火山灰，应立即掉转回飞，松开自动油门保护发动机，避开火山灰。

 案例 2-8　火山灰运行案例

1. 事件经过

2010 年 4 月 14 日，冰岛第五大冰川——埃亚菲亚德拉冰盖冰川附近的一座火山喷发，之后形成大量烟尘，并逐渐飘移至欧洲大陆。4 月 15 日 0000Z 冰岛火山灰影响区域叠加图见图 2-5。受冰岛火山喷发所造成的火山灰和烟尘南移影响，英国于 4 月 15 日实施临时空中管制，从中午到 1000Z，境内多家机场关闭，所有航班在此期间禁止出入境。欧洲西北部多个国家航空交通受到严重影响，挪威全境及瑞典北部航班全部停止运营，丹麦和芬兰部分航线受阻，荷兰、德国、法国和英国全境航空运输打乱。

15 日 0510Z，签派员收到通告导航室公布的关于冰岛火山灰通告，发现火山灰已经覆盖了 CZ345 航班的部分航路，立刻汇报当班主任，并召集通告导航室和航行气象室值班人员分析火山灰影响范围，研讨应对方案，为 CZ345 航班制作了改航方案并与飞行机组达成一致意见。并报动态部门暂将 CZ345 航班延误到 1020Z。

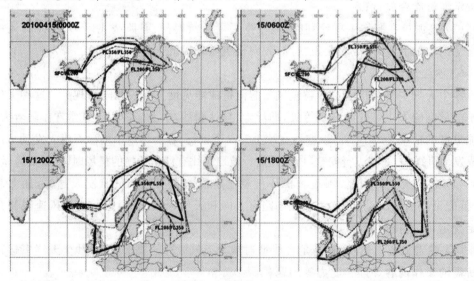

图 2-5　15 日 0000Z 冰岛火山灰影响区域叠加图

签派员根据 0000Z 报文,对 CZ345 航路在 FL350 影响区域进行分析并制定新航路,由航务部报总局等待批复。火山灰报文影响区域如图 2-6。

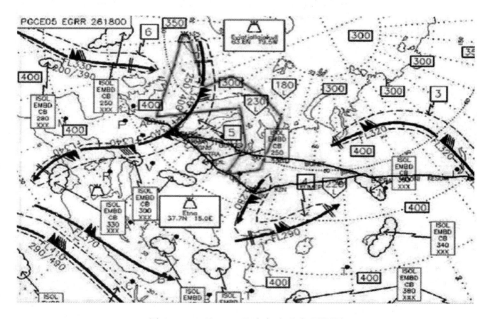

图 2-6　15 日 0000Z 冰岛火山灰预报图

签派员 0840Z 在收到总局批复后,仔细研究了最新发布的 0600Z 火山灰影响区域叠加图和火山灰的预报图,见图 2-7 和图 2-8。

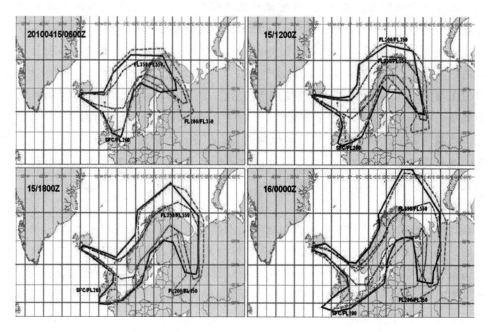

图 2-7　15 日 0600Z 冰岛火山灰影响区域叠加图

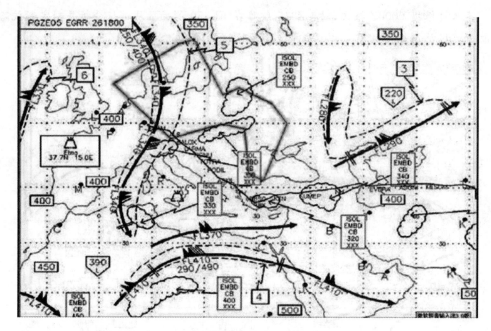

图 2-8　15 日 0600Z 冰岛火山灰预报图

按照北京起飞时间 1100Z,预计到达阿姆机场 2000Z,预计运行时段内火山灰覆盖区域不影响改航航路和阿姆机场,同时经阿姆办事处了解到荷航航班也都在正常执行。随即签派员将此信息报告值班领导并通报机组与其达成一致意见后决定放行航班。

签派员持续跟踪火山灰发展,与阿姆机场办保持联系。1020Z 时签派员收到阿姆机场可能关闭的信息,并了解到某公司由浦东飞往伦敦的航班已经返航。此时 CZ345 已经滑出准备起飞,签派员及时汇报值班领导,果断决策,通过卫星电话直接通知机组滑回并等待进一步消息。随后签派员又通过各种途径了解火山灰的最新情况,1930Z 时在 1200Z 预报图上叠加航路后,对比 0600 预报图,发现火山灰有南移迹象。通过多次向阿姆站长了解机场运行情况和其他航空公司动向,分析得出,在 345 航班运行时段内,阿姆机场会被火山灰覆盖而不适航。签派员与机组沟通后,将所知的情况报告领导,最终决定暂将 CZ345 航班延误到 16 日的 0600Z。同时继续密切关注火山灰移动方向和阿姆机场的运行情况。

2. 分析总结

在这个案例中,签派员及时意识到这次灾难性火山喷发将造成的巨大影响,与各相关单位密切协作、充分沟通,并通过各种渠道了解信息,综合应用多种技术手段直观地展示出火山灰的影响区域演变,为中心和公司值班经理做出正确处置与果断决策提供了支持,避免了 CZ345 航班起飞后备降或返航给公司带来的巨大损失,将火山灰对航班运行的影响减到最低程度,充分体现了南航运行指挥中心签派放行部严把飞行安全关口,节约公司运营成本的重大作用。

2008 年安克雷奇火山灰影响 CZ328 运行

1.事件经过

2008 年 8 月 11 日上午 0200Z,签派员在制作 CZ328 航班飞行计划前,检查重要天气图时发现 PANC 管制区有两个火山正在喷发,产生的火山灰云可能对航路有影响,检查安克雷奇管制区发出的火山灰报文信息时发现对航路影响范围较小,但检查蒙特利尔区域发出火山灰报文信息时却发现其中的 KASATOCHI 火山产生的火山灰云对 CZ328 航路产生重大影响。具体火山灰影响如图 2-9。火山灰变化趋势图见图 2-10。

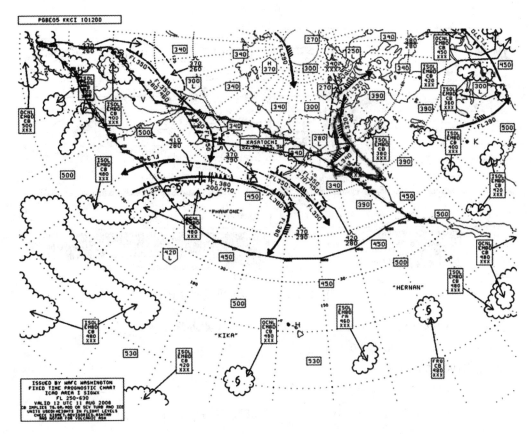

图 2-9　8 月 11 日 1200Z 安克雷奇火山灰预报图

签派员收集并分析有关该火山活动的图形和文字信息资料,发现航班的整个运行区域都被火山云所覆盖,无法按原计划航路运行。为了解火山灰云对航班的实际影响,签派员咨询 PANC 管制区,PANC 管制员称当时阿拉斯加东南区域(即美加太平洋西岸)均受影响,航班主要都在 NCA20 航路(即向北偏离航路)飞行。但根据预报,火山灰云会向东北方向大范围延伸,如果 CZ328 航班按时(0650Z)起飞,即无可避免地进入火山灰云区域。签派员同时致电香港国泰航空公司签派中心了解国泰航班的运行情况,国泰决定走灵活航路(TRACK J,国泰机型 B747-400)。

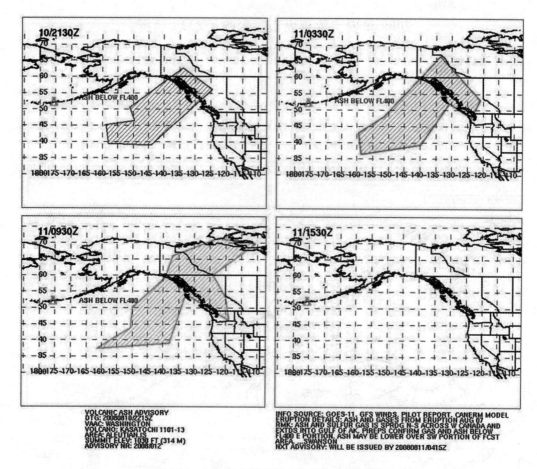

图 2-10　8月11日安克雷奇火山灰变化趋势图

A3333/08 KZOA200808181900-200808190800　（奥克兰管制区）

（TDM TRK H 080818190001

0808181900 0808190800

ALCOA BUTEN

BOSKE 38N140W 38N150W 38N160W 38N170W 37N180E 35N170E 33N160E 31N150E NOGAK BIXAK

RTS/KSFO ALCOA

KLAX RZS LIBBO BRINY ALCOA

BIXAK DELTA ONC

RMK/ACFT USING TRK H FILE TRK ADVISORY OPTIONS FOR

TRK F

TRK H ONLY AVAILABLE TO ACFT LANDING RCTP OR SOUTH.

参照国泰的方案，签派员尝试使用 TRACK E　航路，PASY 在运行时段关闭，缺少合适的 ETOPS 备降机场。在尝试修改航路未果的情况下，向部门经理报告，并根据当时的预报情况,初步拟定航班新的预计起飞时刻,决定延误 CZ328 航班。分别通知了动态,洛杉矶办事处和机组,并向机长做好了解释工作。由于火山灰的情况一直无明显的好转迹象,CZ328 航班继续延误。直到可以使用 PASY 机场,使用了一条比 CZ327 灵活航路还靠南的航路,见图 2-11,CZ328 航班方得以执行。航班起飞时间是 1948Z,延误了 13 小时。

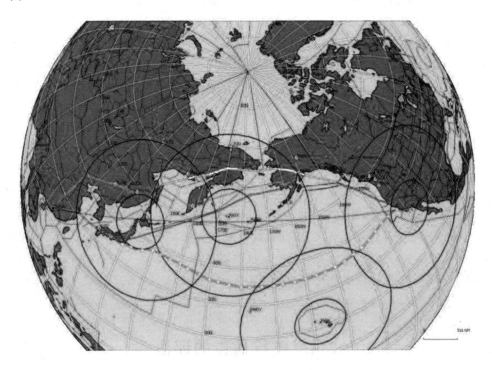

图 2-11　广州—洛杉矶灵活航路对比图

重新制作飞行计划,各种重量如下:

ALL WEIGHTS IN KILOS			
ETOW　281830	ELDW　182183	EZFW　166400	EPLD　022003
MTOW　294835	MLDW　208652	MZFW　195044	APLD　...
TARGET ARRIVAL FUEL　15783KGS			
DEST　ZGGG　099647　1352		KLAX-KAGIS　077069　0958	
		KAGIS　RJBB　004822　0106	
RSVR　FUEL　002261　0024		RSVR　FUEL　006415　0107	
ALTN　ZGKL　005145　0049		ALTN　RJAA　005075　0048	
HOLD　FUEL　002541　0030		HOLD　FUEL　002541　0030	
EXTR　FUEL　005836　0100		EXTR　FUEL　019505　0322	

```
                    ALL WEIGHTS IN KILOS
TKOF  FUEL  115430  1635        TKOF  FUEL   115430  1635

TAXI  OUT   000570              TAXI  OUTF   000570

LOAD  FUEL  116000  1635        LOAD  FUEL   116000  1635

REFILE INFORMATION--FROM        KAGIS   TO   ZGGG

DEST  ZGGG  022577  0354

RSVR  FUEL  002261  0024

ALTN  ZGKL  005145  0049

HOLD  FUEL  002541  0030

PLAN FUEL FOR RCL   038360

REQD FUEL FOR RCL   032524
```

2. 分析总结

此案例中，火山灰影响 CZ328 的航路，签派员了解了详细的火山灰信息，并且咨询了国泰等公司的运行决策，充分考虑改航的各种可能性，及时向值班领导汇报，并积极与机组和飞行部领导研讨放行方案，最终做出延误航班确保安全的决策。在处置火山灰影响的过程中，签派员的工作，一方面确保了机组获得详细的火山灰资料，另一方面努力尝试各种确保航班安全的前提下节约公司成效益的可能方案。

—————— End ——————

2.4 航行通告的评估

每一次签派/飞行放行前，责任签派员要独立研究本次飞行涉及机场、区域的航行通告，包括已知的正在使用的任何导航设施、机场、空中交通管制程序与规则、机场交通管制规则等方面的变化，以及已知的威胁飞行安全的信息，包括地面和导航设施不正常的情况等，从中分析影响本次飞行运行的各项因素，并确保飞行机组能够及时、准确地得到相关通告，共同实施签派放行。

2.4.1 航行通告的识读

航行通告是飞行人员和与飞行有关的人员必须及时了解的，有关航行的设施、服务、程序的建立、情况或者变化，以及对航行有危险情况的出现和变化的通知。

A/E/F 系列：国际分发。国内由民航局航行情报中心国际航行通告室发布，发至同我国建立航行通告交换关系的外国国际航行通告室、我国对外开放机场航行情报室和地区航行情报中心航行通告室。

A 系列：发布内容包括法规、标准、服务和程序，仅与航路飞行有关的空域、导航设施和航空警告，航路、航线，以及 E、F 系列航行通告未包含的其他航空情报。

E 系列：发布内容包括北京、沈阳、兰州、昆明和乌鲁木齐飞行情报区内各国际或对外开放机场的相关航空情报。

F 系列：发布内容包括上海、广州、武汉和三亚飞行情报区内各国际（对外开放）机场的相关航空情报。

B 系列：国际分发。向邻近国家发布。发 B 系列报的国家有越南、菲律宾等。

C 系列：国内分发。由总局航行情报中心航行通告室、地区航行情报中心航行通告室发布。

D 系列：地区性分发。由各机场航行情报室发布，通常发至所在地区的航行情报中心航行通告室。

报头

ZCZC　TAB0551 200355

GG ZGSZOIXX

200350 ZGGGOFXX

（C0371/09 NOTAMN

Q）ZGZU/QFAXX/IV/NBO/A/000/999/2200N1323E005

A）ZGSZ B）0903210100 C）0904090600

D）0100-0600 DLY

E）本场不接受备降因施工）

使用 UTC 时间

通告项目释义：

GG ZGSZOIXX

缓急标志：一般等级（GG）；紧急需特殊处理（DD）。

C0371/09 NOTAMN

系列编号和通告标志

NOTAMN：新航行通告。　（NEW）

NOTAMC：取消航行通告。（CANCEL）

NOTAMR：代替航行通告。（REPLACE）

Q）ZGZU/QFAXX/IV/NBO/A/000/999/2200N1323E005

Q 项

飞行情报区/航行通告代码/飞行/目的/范围/下限/上限/坐标及半径，分 8 个子项，用"/"隔开。

A）ZGSZ

A 项

发生地：填写机场或飞行情报区的四字地名代码。

注：如果发生情况不在机场区域内而在一个或几个空域内，统一使用发生地所在的飞行情报区四字地名代码，然后在 E）项中用明语说明地名或以经纬度表示其位置。

B)0903210100 C)0904090600

B、C 项

B 项:生效时间,C 项:终止时间。按"年月日时分"用 10 位数字填写。

B 项中:零时整用 0000 表示。

C 项中:预计时间用 EST,之后需发取消或代替报,永久生效用 PERM,该项中零时整需减一分,不得用 0000 或 2400 表示。

D)0100-0600 DLY

E)本场不接受备降因施工

D、E 项

D 项:分段生效时间(A 系列 UTC 时间,C、D 系列北京时)

E 项:事件描述

F、G 项(可以没有)

F 项:下限;G 项:上限

当报告内容涉及有关航行警告和空域等限制时,应在 F 项填入下限,G 项填入上限,并标明基准面和度量单位。

例:F)200M AMSL G)11000M AMSL

可用 SFC(表面)、GND(地面)表示下限,UNL(无限高)表示上限。

2.4.2 雪情通告

雪情通告(SNOWTAM)是一种专门格式、特别系列的航行通告,用于通知在活动区内的雪、冰、雪浆或者混合等危险情况的存在和清除状况,是保证飞行安全、正常和效益所必需的重要情报。SNOWTAM 描述跑道、滑行道和机坪状况的信息,于冬季每日早晨飞行前发布。SNOWTAM 时效为 24 小时,但是一些规则要求在发生重大改变时,新的 SNOWTAM 应该更快发布。国内发布用北京时,国际用 UTC。每年 7 月 1 日 0001 时起从 1 开始记数,向国外发布的雪情通告是 0001(UTC),直到第二年 6 月 30 日 2359 时止。

SNOWTAM 表格报文形式见表 2-8。

表 2-8 SNOWTAM 表格报文形式

报头	电报等级		收电单位			
	签发日期时间		发电单位			
简化报头	(SWAA＊顺序号)		(地名代码)	(观测日期时间)	(任选项)	
	S	W	＊	＊		
SNOTAM——(顺序号)						
机场名称(四字地名代码)						A)
观测日期和时间(测定结束时间,UTC)						B)

续表

跑到代号	C)
扫清跑道长度(米)	D)
扫清跑道宽度(米)	E)
全部跑道上堆积物 (自跑道代号数字的一端着陆入口开始,在跑道上每三分之一地方观察) NIL 没有积雪,跑道上干燥 1——潮湿 2——湿或小块积水 3——雾凇或霜覆盖(深度一般不超过 1mm) 4——干雪 5——湿雪 6——雪浆 7——冰 8——压实或滚压的雪 9——冰块的轮辙或冰脊	F)
跑道总长度每三分之一的平均深度(mm)	G)
每三分之一跑道的摩擦系数和测量设备 测定或计算的系数　或　估计的表面摩擦力 0.4 和以上　　　　好　　——5 0.39~0.36　　　　中/好　——4 0.35~0.30　　　　中好　——3 0.29~0.26　　　　中/差　——2 0.25 和以下　　　 差　　——1 9 不可靠　　　　　不可靠——9 (引用测定系数时,采用观测的两位数字,后随所用摩擦力测量设备的简称;引用估计值时, 采用一位数字)	H)
临界雪堆(高度—cm,距离—m)	J)
跑道灯	K)
进一步清扫计划	L)
预期完成扫雪的时间	M)
滑行道	N)
滑行道雪堆(高度—cm,距离—m)	P)
停机坪	R)
下次计划观测时间	S)
明语说明	T)

2.4.3　火山灰通告

　　火山灰通告(ASHTAM)是航行通告的一个专门的系列,是以特定的格式派发的,针对可能影响航空器运行的火山活动变化、火山爆发或火山烟云发出的通告。

飞机误入火山灰云团,其前缘装置包括着陆灯罩和风挡玻璃就会很快被火山灰刮擦得模糊,只需几分钟时间,风挡玻璃就像毛玻璃一样失去透视性。火山灰会迅速损伤发动机,致使飞机失去动力,因此,当航班所飞航路被火山灰覆盖时,应重点加以关注。

ASHTAM 标准格式见表 2-9。

表 2-9　ASHTAM 标准格式

简化报头	"VA"＋国籍代码＋系列号 地名代码 发布日期时间		
识别标志	ASHTAM	系列号	
受影响的飞行情报区			A)
爆发日期和时间(UTC)用 8 位数表示火山爆发的月日时分			B)
火山灰名称和序号			C)
火山经纬坐标或火山至导航设施的径向方位和距离			D)
火山告警等级颜色代码(红橙黄绿四个等级)			E)
火山灰云水平和垂直存在的广博程度			F)
火山灰云的移动方向			G)
受影响或可能影响的航路或航段和飞行高度层			H)
关闭的空域和/或航路或航段和适用的备用航路			I)
情报来源			J)
明语说明			K)

2.4.4　航行通告的处理

签派员不得将航班放行至地面设备不满足机型要求的机场,在航班监控中如监控到对所负责航班飞行有影响的航行通告以及地面设备故障信息后,应对签派放行进行重新评估,根据评估结果做出维持原放行、重新放行或取消放行的结论。

每次飞行所涉及的机场、终端区、航路上的必需的通信和导航、助航设施应处于良好的工作状态,并符合该次飞行的运行要求,否则不得签派飞机在该航路、航段、机场、终端区运行。

签派员结合航班计划运行时段,监控到对责任航班飞行有影响的航行通告信息后应着重分析以下情况,但不仅限于以下情况:

(1) 影响运行标准的信息

① 导航设施关闭或降级,应考虑对进离场、进近程序及着陆标准的影响;

② 进近灯光系统的关闭或降级,应考虑对着陆标准的影响;

③ 跑道中线灯关闭,应考虑提高该跑道的起飞和着陆天气标准,不可进行Ⅱ类运行;

④ 跑道边线灯关闭,应考虑该跑道仅能昼间运行;

⑤ 进近程序停止使用或调整,应考虑该仪表进近程序不可用或者按照通告要求提高

着陆天气标准;

⑥ 跑道道面湿滑或者污染,应考虑特定机型的侧风运行标准,尤其刹车效应降低而计算是否减载;

⑦ 梯度及运行标准的影响;

⑧ 跑道可用长度发生变化,应考虑其对载量的影响,并向机组提供临时机场分析。

(2) 有运行限制的信息

① 机场宵禁或者关闭,应根据预计飞行时间和机型标准过站时间,确定最晚起飞时刻;

② 机场跑道关闭,应确认该机场是否有其他合适的开放跑道,否则应根据预计飞行时间和机型标准过站时间,确定最晚起飞时刻;

③ 机场接收备降的限制,应考虑接收备降的机型、时间段、备降类型;

④ 机场降噪程序,应考虑对于不同机型的进离场程序、主用跑道以及其他对飞行运行的要求;

⑤ 机场通行能级下降,应考虑适当增加油量;

⑥ 机场除防冰能力,应考虑该机场存在冰冻降水或地面结冰条件下的道面和飞机的除防冰保障能力;

⑦ 机场消防等级降级,应结合运行手册中公布的机型所需消防等级考虑是否满足正常使用和备降要求;

⑧ 机场地面电气源设备缺失,应考虑飞机辅助动力装置(APU)故障条件下的机场保障能力;

⑨ 机场供应燃油的能力,应考虑为航班增加足够的回程或者后续航程燃油;

⑩ 施工或障碍物设立,应考虑 RNP APCH、RNP AR 程序的可用性和起飞/着陆性能限制;

⑪ 航路临时改航,应根据改航距离适当变更油量,并确认机组拿到改航后的航路;

⑫ 航路部分高度禁航,应根据机型运行包线(包括温度包线)调整计划的飞行高度;

⑬ 航路全高度禁航,应根据计算机飞行计划计算航班飞抵禁航起始点的时间,做出相应的调整预案;

⑭ 航路炮射活动,应考虑调整飞行高度或改航。

 案例 2-9　航路禁航的运行案例(1)

1. 案例背景

某日,公司执勤签派员放行北京—敦煌航班,航班时刻 06:40—10:10。起飞机场、目的地机场、备降机场天气适航,飞机适航。

2. 案例过程

(1) 签派员在按签派放行流程评估该航班航行通告时发现,兰州情报区有多条通告,分时段、高度影响本次航班。航行通告如下:

C0001/14 兰州情报区(ZLHW)　2014/07/07 07:30—2014/07/07 14:40　（√）

下列航路(线)段高度在4800M(含)以下禁航：

X54航线(敦煌 VOR""DNH""—P27)段，

F) FL000 G)FL157

C0002/14 兰州情报区(ZLHW)　2014/07/07 09:15—2014/07/07 12:30　（√）

B215航线(嘉峪关 VOR""CHW""—雅布赖 VOR""YBL"")段高度在10700M(含)以下禁航。

F)FL000 G)FL351

C0003/14 兰州情报区(ZLHW)　2014/07/07 09:00—2014/07/07 11:00　（√）

下列航路(线)段高度在8100M(含)～10100M(含)之间禁航：

W66航路(NUKTI—额济纳旗 VOR""JNQ"") 段。

F)FL266 G)FL331

C0004/14 兰州情报区(ZLHW)　2014/07/07 07:00—2014/07/07 10:00

下列航路(线)段高度在6000M(含)以下禁航：

H112航线(敦煌 VOR""DNH""—NUKTI)段。

(2) 签派员完成评估工作后制作第一份参考计算机计划,此计划不考虑航行通告的影响。查看该计划得到：

计算机计划飞行3小时10分钟

飞行高度层 FL321

飞行航路 W75 SELGO A596 YBL B215 P27 X54 DNH

对比初始计划与航行通告得知：受航行通告 C0002/14 影响,在嘉峪关 VOR ""CHW""—雅布赖 VOR"" YBL""飞行高度层 FL321 不可用,需更改高度层,受通告 C0001/14 影响,在敦煌 VOR""DNH""—P27 段 FL157 以下高度不可用,但此段航段为航路下降阶段,FL157 以下禁航意味着此航段不可用。

(3) 解决方案：

A 方案：推迟起飞时刻。根据第一份参考计算机计划,查看飞到 P27 的计划时间为2小时40分钟。根据航行通告 C0001/14 的结束时间,需将航班时刻推迟到12:00(北京时),航行通告 C0002/14 也将不会影响航班。

B 方案：更改航路。值班签派员查阅航图,查到敦煌机场进离场航路共有三条：北线的 H112 航路,中线的 X54 航路,南线的 G470 航路。签派员查询中国民航航行资料汇编,北线航路无航路限制,而南线的 G470 航路的最低安全高度为 6 081 米,属于高原航线。随后签派员查阅本公司的飞机性能手册得知执行此航班的飞机为 B738 飞机,不具备执行高原航线的性能要求,故南线不可用,只能采用北线方案。但是 H112 航路受通告 C0004 影响,需要查看飞行时间。签派员根据空军一号规定,制定改航航路为：W75 SEL-

GO A596 DKO W66 NUKTI H112 DNH，此航路仍有高度（受航行通告 C0003 影响）和时间（受航行通告 C0004 影响）限制。然后，签派员制作第二份参考计算机计划，得到飞行高度层 FL321，计划飞到 NUKTI 点的所需时间为 2 小时 45 分钟。这样，根据通告 C0004/14 结束时间，倒推航班的最早起飞时刻为 07:15。受航行通告 C0003/14 影响，按照中国民航高度层配备原则，航路在（NUKTI——额济纳旗 VOR "JNQ"）段需要超控高度层为 FL341。

（4）比较 A 和 B 两种方案：A 方案操作简单，但航班时间推迟较多。航班推迟后的旅客保障、飞机利用率等方面的成本会上升。B 方案虽然操作起来困难，但航班时刻较 A 方案提前 4 小时 45 分钟，减小了地面保障压力，提高了飞机利用率，节省了成本。比较两种方案，签派员决定采用方案 B。

（5）实施。

① 航路申请：放行签派员将改航决定和改航航路通知运行控制部门，由运行控制部负责航路申请。回复：航路可用。

② 推迟航班时刻：放行签派员将推迟航班起飞的决定和推迟后的航班时刻通知运行控制部门。由运行控制部门将推迟后的时刻通知机组运行、地面服务、现场、站调等部门。

③ 制作最终的计算机计划：签派员考虑到兰州区域禁航可能会有临时指挥绕飞的情况（根据以往经验），增加 1000kg 额外燃油，重新制作新的计算机计划，检查航路、飞行高度、时刻等无误后发送资料、FPL 等。

④ 对机组进行讲解：机组拿到资料后，通过在飞行总队的放行讲解部门联系到机组，将影响航班的航行通告对机组讲解，提示机组注意航路高度，得到机组的认可。

⑤ 后续监控：放行结束后，签派员利用公司的各种监控手段，监控飞机的飞行高度层、油量消耗等情况直到航班安全落地。

3. 案例总结

（1）签派员认真履行工作职责，细心评估影响航班的各项要素。

该案例的放行签派员认真评估影响航班正常的各项因素，细心分析对航班有影响的航行通告。分析透彻、认真，并将影响航班的因素对机组进行讲解，与机组共同做出放行决定，对航班后续情况持续跟踪，认真履行了各项规章、流程对签派员的要求。

（2）签派员工作精益求精，在保障安全的基础上为公司创造效益。

签派员分析航路通告的限制后，制作两种不同的方案，比较后择优选取最佳的方案，为公司节省了时刻，减少了其他部门的工作压力，保障了航班的正常性。

综上所述，这是一次典型的航路禁航的签派放行案例，签派员认真分析，严格履行了航空规章赋予的工作职责，从旅客、兄弟单位等角度考虑问题，对工作要求做到完美，为公司的正常运营做出了贡献。

———— End ————

2.5   机场、航路和空中交通管制的评估

2.5.1   机场的评估

机场的分析主要是对其道面情况及综合保障能力的分析,道面情况主要是在湿滑/污染情况下对载量的影响,机场道面的 PCN 值必须大于机型的 ACN 值;机场的综合保障能力涉及机务、签派、商务、配载等的保障能力。

签派员应结合机型、飞机保留故障信息、机组资质信息、生效的航行资料和航行通告、最新的天气资料以及《运行规范》的批准,确定航班运行涉及的机场。选择合适的机场仪表进近程序,确定运行标准和运行限制。

航班运行涉及的机场应是在《运行规范》中经批准适用于该型飞机使用的机场,并且应该考虑运行规范中对特殊机场的限制。起飞机场/目的机场应为"R""P""F",返航航班的起飞机场应为"R""P""F",备降航班的起飞机场可以为"R""A""P""F"。备降机场可以选择"R""A""P""F"。

 案例 2-10   航路禁航运行控制案例(2)

1. 航班基本信息

(1)航班号:XX123   班刻表:2014 年 6 月 26 日

　　ETD:17:40   ETA:02:20   飞行时间:08:40

　　实际起飞时间:18:13   预计到达时间:02:30(以上均为北京时)

(2)资料包中的航行通告:

(260600JUN14 — 261030JUN14EST)   A 0967/14   ZWUQ

THE FLW SEGMENTS OF ATS RTE CLSD AT 11,900M AND BELOW: ZWUQ

　　1. W112:QIEMO VOR"QIM"-ADMUX

　　2. L888:SADAN-TONAX

　　3. Y1:SADAN-MAGOD

2. 发现影响飞行安全的机场或情报区通告及时通知空中机组

26 日 19:24,通告系统告警:乌鲁木齐情报区发布通告,W112 航路且未到 APMUX 航段 11900(含)米以下禁航,签派员航班放行时评估此通告预计 18:30 分结束,目前新的通告持续到 22:00 点,经评估得知此份通告影响北京—迪拜往返航线,此时,XX123 航班已从北京起飞 1 小时。值班签派员立即联系相关管制区,确定了航班绕飞航线。

19:25 与机组取得联系:告知机组刚刚收到乌鲁木齐情报区发来一份新的通告,预计影响 XX123 航班,机组已与管制得知该情况,根据航班载量情况,飞机应该可以飞到 12200 米高度,飞越禁航航段,但现在还不能确定是否可以到达该高度,目前飞机在 DUNKO 上空。

19:32 联系乌鲁木齐区调得知:兰州区域可指挥飞机绕飞该区域,使用 B215 航路至出境点。

19:34 值班签派员向值班经理报告了该情况,联系情报值班人员共同制作航路绕飞方案,并请数据部门将改航航路维护进放行系统,评估机载油量可满足改航航路运行要求。

19:35 联系兰州区调:XX123 情况已经告知空军,可指挥飞机在嘉峪关改航 B215 或在 AKTOB 点改航 G470,签派员制作计算机计划,经评估在 CHW 改航 B215 油量满足要求。

20:28 与机组联系:告知评估结果,确认改航决断点,上传了改航的计划。同时完成改航的申请工作,确保改航航路可以正常使用。机组反馈已经飞过 CHW,且根据收到的大气数据,飞机无法飞到 12200 米高度,需在 AKTOB 点改航 G470。

20:35 机组到达决断点前 8 分钟,兰州区调通知机组,W112 航路限制取消,XX123 可使用原计划航路继续飞行。机组联系了值班签派员,告知了该情况。值班签派员联系兰州区调,证实了该情况,并报告了值班经理。

20:37 收到乌鲁木齐情报区通告 W112 航路限制取消。

3.案例总结

(1)航班放行后,应该加强监控,一旦发现影响安全的相关运行信息时应该及时联系相关部门进行情况核实,并把了解到的情况及时告知机组和运行副总。

(2)禁航高度 12200 米(含)以下,情报人员制作绕飞计划的过程中应该考虑到飞机的载量情况以及绕飞距离,本次航班没有多加额外油量,如果绕飞距离太远会造成油量紧张情况的出现。

(3)与相关部门进行会商协作,制定出合理方案,协助机组做出合适的决策。应该把事情的处理过程及结果向当天的值班经理进行汇报。

———————————— End ————————————

1.特殊机场

特殊机场是指机场区域飞行环境复杂、机场保障条件不足,为保证飞行安全,需要采取特别应对措施的机场。针对机场的某些具体特点,可采用文字和图示予以提醒,而无须采取特别应对措施的机场,不算作特殊机场。

特殊机场的界定要素:

(1)机场位于山谷、山腰或山顶等地,净空条件差;

(2)机场当地气象条件恶劣(如风切变、紊乱气流等),或云高和能见度变化迅速(如平流雾等);

(3)因地形、障碍物或其他原因导致非标准进近着陆程序和起飞离场程序(如反向进近、通场下降高度后着陆、仪表引导系统进近、航向道偏置进近等);

(4)因受地形、障碍物限制,机场跑道某方向只提供着陆而不可用于起飞,需制定复飞一发失效应急程序,或者制定一发失效的决断高度/高、最低下降高度/高;

(5)机场导航设施匮乏,导航信号遮蔽严重,导航不准确,指示不稳定,或者机场目视助航设施匮乏；

（6）高高原机场（海拔高度在 2438 米或 8000 英尺及以上的机场）；

（7）具有异常特性（如高纬度、异常磁差等）；

（8）空管规章和程序不健全，存在安全隐患的国外机场。

放行涉及特殊机场的航班前，责任签派员应当：

① 熟知该特殊机场的具体情况，如构成特殊机场的原因、应采取的安全措施等；

② 检查机长是否符合该特殊机场资格要求；

③ 检查该特殊机场的导航设施是否完好；

④ 与机长详细研究气象条件，共同做出是否放行决定。

2. 高原机场

高原机场包括一般高原机场和高高原机场两类。一般高原机场：海拔高度在 1524 米（5000 英尺）及以上，但低于 2438 米（8000 英尺）的机场。高高原机场：海拔高度在 2438 米（8000 英尺）及以上的机场。

高原机场运行对于飞机和飞行员的要求，必须严格按照局方和公司规定执行，而放行涉及高原机场的航班前，责任签派员应当做到：

（1）放行签派员必须确保该航班符合以下要求：

① 飞机满足公司手册规定的高原机场运行适航要求；

② 核实飞行机组资质，机组成员必须满足公司《飞行运行手册》有关高原机场运行机组成员的资格规定；

③ 包含高高原机场或者局方确定的特殊机场起降点的航路，还需按照航路进行批准。

（2）在高原机场运行，需进行着陆分析，如存在着陆限制，责任签派员应根据着陆重量分析表确定着陆重量，并且通报起飞机场配载单位，目的地机场预计到达时的温度和着陆重量限制。

（3）重点了解高原机场和航路的天气实况和预报，严格放行标准。为了提高高原机场运行的正常性，由责任签派员负责全面收集气象信息，做出准确判断。

（4）认真查看所飞高原机场的航行通告，是否有涉及影响航班运行的重要内容，并向机组做好讲解工作。

（5）责任签派员与机长应严格按照针对高原机场运行制定的最低设备清单（MEL）签派放行飞机。确认使用起飞一发失效应急程序所需的机场导航设施和相应的机载设备工作的正常性。

（6）责任签派员与机长应严格控制起飞重量，重点检查所带燃油，特别是飞机需携带来回程油或在可选择备降机场较少地区的飞行。另外还应做好因外界环境变差而减少业载或在中途加降的保障预案。

（7）加强对航班的实时跟踪监控，还应对飞机是否通过航路上的关键点（飘降返航点、客舱释压返航点、航路改航点）进行核实和检查。

案例 2-11 起飞性能限制案例

1. 事件描述

2005 年 6 月 19 日,B-3011 飞机执行 FM9136 航班,计划起飞时间 14:35。由于包头机场跑道温度过高,起飞性能受到限制,机组与商载控制部门的计算不一致,后飞机减载放行(没货,减 2 名旅客),航班延误 2 小时 16 分。

2. 事件分析

商载控制部门根据飞管部下发的"关于 CRJ-200 机型在包头机场起飞重量限制的通告"中的起飞全重控制表,按当时气象台所报温度 33℃,旅客 34 人,加油 4.4 吨,计算得出起飞重量不超;但机组是根据当时跑道实际温度 36℃计算,同时,当值签派员根据机组所报温度进行起飞性能分析得出将超 200 多公斤。

签派员对此情况进行分析:

(1) 进行起飞性能分析所参照温度应该是跑道上的实际温度,气象部门所报的数据是每小时的平均温度,而机组得到的数据应该是更为实时、准确的,应按机组所报温度计算;

(2) 根据近几日包头机场的温度变化来看,17:00 以后温度才有下降可能,如果等温度降下来再起飞,航班延误的时间将超过 2 个半小时以上;

(3) 没有其他公司执行包头—虹桥航班;

(4) 由于 FM9136 航班没有货,只能放下几名旅客才能满足起飞条件。

商务上飞机与旅客协调,希望有旅客主动下机乘次日航班回沪,但即使开出丰厚的补偿条件,也没人愿意下飞机。这样僵持了一个多小时。虹桥当值签派员通过电话与机组联系协商:

(1) 由于旅客没人肯下飞机,没法减载放行;

(2) 考虑油已加了一个半小时,地面 APU 耗油也不少,建议可以申请开个大车,而且滑出到跑道头也将耗掉部分燃油,这样可以满足起飞条件;

(3) 机组提出 4 吨油可能不够。签派员建议,因虹桥、浦东天气都是 CAVOK 天气,航路上天气也没问题,没必要把备降场选南京,浦东完全可以作为目的地备降场,如果机组飞行过程中感觉油量不够,完全可以按规定备降。

3. 处置总结及建议

机组接受签派的建议,决定按此方案执行。此时,商务正好已说通 2 名旅客下飞机坐次日航班回虹桥,最终,安全解决了飞机起飞限重问题,飞机安全起飞回虹桥。

在此类航班处理特别需要进行性能计算的情况下,提取的数据应该尽可能的实时、有效、准确;而在特殊情况下,如果目的地机场、备降场的天气良好符合飞行安全,最远备降场完全可以选取较近的。

2.5.2 航路的评估

签派员应结合机型、机组资质、飞机保留故障、生效的航路高空气象资料及航行通告，选择符合航班安全运行要求的航路实施放行。

1. 航路选择

（1）应根据飞机的运行区域批准、性能批准情况、供氧能力分析，选择合适的公司航路。

（2）机组含外籍飞行员时，应选择对外开放的航路或者经民航局批准的外籍飞行员可以使用的公司航路作为本次航班的计划航路。

（3）飞机保留故障后，应按照最低设备清单（MEL）条款要求，采用满足导航性能要求、飞机高度限制的航路作为本次航班的计划航路。

（4）对于多条航路优选，应选择符合公司要求的航班业载最优或所需燃油最少的航路作为本次航班的计划航路。

（5）对于存在多个出入境点的航线，应选择民航局批准的出入境点对应的航路作为本次航班的计划航路。

2. 航路通告限制

（1）当计划航路关闭和（或）限制航路高度时，应选择其他可用航路和（或）调整计划飞行高度，并将此情况提示航班机组。

（2）当临时划设的禁区、危险区、限制区、炮射区等覆盖公司计划航路时，应根据影响的时间段、水平范围、高度等要素，咨询情报席位，调整计划航路和（或）飞行高度，并将此情况提示航班机组。

（3）因航路通告限制需要使用临时航路或者临时更改航路时，应通知情报席位制作临时公司航路，并通知相关席位进行航路申请，在获得批准后方可实施签派放行，并将此情况提示航班机组。

3. 航路天气影响

（1）当重要天气图表明计划航路上存在中等强度（含）以上颠簸区、积雨云、积冰、锋面等天气现象时，签派员应考虑调整计划航路和（或）飞行高度，或者增加适当的航线额外油，并将此情况提示航班机组。

（2）当热带气旋、火山灰云等大尺度危险天气影响计划航路时，签派员应咨询气象人员和情报人员，调整计划航路和（或）飞行高度，并将此情况提示航班机组。

（3）因航路天气需要使用临时航路或者临时更改航路时，应通知情报人员制作临时公司航路，并通知相关席位进行航路申请，在获得批准后方可实施签派放行，并将此情况提示航班机组。

2.5.3 空中交通管制限制的评估

在实际生产运行中，空中交通管制也是签派员放行时应考虑的因素之一。签派员在已知或预知航班将出现地面或空中等待、绕飞或其他空管限制时，除应注意按时给管制发送 FPL、DLA、CHG、CNL 等飞行电报,以避免因此造成的航班延误外,还应充分考虑此类限制对航班运行的影响,适当增加油量,以避免出现燃油不足或临时备降情况的发生。

由于管制员培训和地域差异,签派员在放行涉及外籍、PBN 运行等航班时,需要跟目的地机场管制部门了解是否具备相应的能力(如英语通话能力、PBN 指挥能力等),以避免管制员原因导致的航班备降情况。

2.6　备降机场评估

2.6.1　备降机场的选择

在选择备降机场时,责任签派员必须了解和熟悉备降机场的相关信息,如地理位置、天气状况和机场等级等因素。一般情况下,责任签派员应当避免选择停机位紧张、跑道条件不好、助航设备失效的机场或特殊机场作为备降机场。对于备降场的选择条件,应考虑所选择的备降场与目的地机场不要处于同一恶劣天气系统的影响之下,或者后续受同样趋势的恶劣天气系统影响。由不同航空公司运营的同一条航线,很可能因为公司原因造成所选择的目的地备降场不同,对于公司而言,都是合理的,对于局方而言,也都是合规的。这就是一直强调的,签派放行没有标准答案,只有资源整合下的最优解。

1. 起飞机场备降场

(1)如果起飞机场的气象条件低于本公司运行规范中为该机场规定的着陆最低标准,或存在其他不能返场着陆的条件,责任签派员不得从该机场签派放行飞机,除非签派放行单中指定了距起飞机场不大于飞机使用一发失效的巡航速度在静风条件下飞行 1 小时的距离的起飞备降机场;对于装有 3 台或者 3 台以上发动机的飞机,备降机场与起飞机场的距离不大于飞机使用一发失效时的巡航速度在静风条件下飞行 2 小时的距离。

(2)起飞机场的备降场,其天气报告或预报所报告的天气条件必须在预计到达备降机场前后各 1 小时的时间内,等于或者高于该机场公司所规定的备降场最低标准。

(3)在签派放行飞机前,签派放行单中应当列出每个必需的起飞备降机场。

(4)飞机在一台发动机失效后至少能爬升至备降航线最低安全高度,并能保持至起飞备降场。

(5)起飞备降机场必须满足发动机失效飞机的着陆。

(6)当起飞机场的天气条件满足起飞标准,但不满足本场着陆标准时,才需要给起飞航班选择一个起飞备降场。起飞备降场不是每个航班必须要选择的。

2. 目的地机场备降机场

目的地备降机场是指当飞机不能或者不宜在预定着陆机场着陆时能够着陆的备降机场。

(1)国内运行(仪表飞行规则)

按照仪表飞行规则签派飞机飞行前,应当在签派单上至少为每个目的地机场列出一个备降机场。当目的地机场和第一备降机场的天气条件预报都处于边缘状态时,应当再指定至少一个备降机场。但是,如果天气实况报告、预报或者两者的组合表明,在飞机预计到达目的地机场时刻前后至少1小时的时间段内,该机场云底高度和能见度符合下列规定,并且在每架飞机与签派室之间建立了独立可靠的通信系统进行全程监控,则可以不选择目的地备降机场:

① 机场云底高度至少在公布的最低的仪表进近最低标准中的最低下降高(或者决断高)之上 450 米(1500 英尺),或者在机场标高之上 600 米(2000 英尺),取其中较高值;

② 机场能见度至少为 4800 米(3 英里),或者高于目的地机场所用仪表进近程序最低的适用能见度最低标准 3200 米(2 英里)以上,取其中较大者。

目的地备降机场的天气条件应当满足本章 2.6.2 节的要求。

(2) 国际运行(仪表飞行规则)

按照仪表飞行规则签派飞机飞行前,应当在签派单上为每个目的地机场至少列出一个备降机场。但在下列情形下,如果在每架飞机与签派室之间建立了独立可靠的通信系统进行全程监控,则可以不选择目的地备降机场:

① 当预定的飞行不超过 6 小时,且相应的天气实况报告、预报或者两者的组合表明,在预计到达目的地机场时刻前后至少1小时的时间内,目的地机场的天气条件符合下列规定:

a. 机场云底高度符合下列两者之一:

如果该机场需要并准许盘旋进近,至少在最低的盘旋进近最低下降高度(MDA)之上450 米(1500 英尺);

至少在公布的最低的仪表进近最低标准中的最低下降高度(MDA)或者决断高度(DA)之上 450 米(1500 英尺),或者机场标高之上 600 米(200 英尺),取其中较高者。

b. 机场能见度至少为 4800 米(3 英里),或者高于目的地机场所用仪表进近程序最低的适用能见度最低标准 3200 米(2 英里)以上,取其中较大者。

② 该次飞行是在前往无可用备降机场的特定目的地机场的航路上进行的,而且飞机有足够的燃油来满足燃油政策的要求。

若需选择目的地机场,则选择的目的地备降机场的天气条件应当满足本章 2.6.2 节的要求。

3. 航路备降机场

航路备降机场是指当飞机在航路中遇到不正常或者紧急情况后,能够着陆的备降机场。

一般情况下,在航班所飞航路涉及单发飘降程序、释压程序等特殊程序时,应根据相应航路特殊程序要求,选择距航路上任一点的距离不大于飞机使用一发失效的巡航速度在静风条件下飞行1小时并在公司运行规范中列出的机场作为航路备降机场。航路备降机场天气报告、预报或两者结合所报告的天气条件,在飞机预达该机场前后各1小时的时间内必须满足本公司运行最低标准中关于备降机场的最低天气标准。特殊程序所需的关键备降场,为紧急情况下使用,可不考虑运行规范中的机型批准情况和机场的对外开放情况。

2.6.2 备降机场的标准

（1）对于签派或者飞行放行单上所列的备降机场，应当有相应的天气实况报告、预报或者两者的组合表明，当飞机到达该机场时，该机场的天气条件等于或者高于合格证持有人《运行规范》规定的备降机场最低天气标准。

（2）在确定备降机场天气标准时，合格证持有人不得使用标注有"未批准备降机场天气标准"的仪表进近程序；签派员在制订飞行计划时，不得使用未列入《运行规范》中的机场作为备降机场。

（3）在确定备降机场天气标准时，应当考虑风、条件性预报、最低设备清单条款限制等影响因素。（如两条不同跑道进近程序公用一套导航设施，如一套 VOR/DME 分别用在两条跑道，则应按照一套进近设施和标准进行计算。如一条跑道出现顺风超标的情况，该跑道方向的程序不参与备降标准的计算。）

（4）当飞行处于紧急或危险情况时，可以使用未列入《运行规范》中的机场作为备降机场，但这一决定必须是在当时情形下为保障安全所能采取的唯一办法或最佳办法。在从未列入《运行规范》的机场起飞时，应当符合下列条件：

① 该机场和有关设施适合于该飞机运行；

② 驾驶员能遵守飞机运行适用的限制；

③ 飞机已根据适用于从经批准的机场实施运行的签派规则予以签派；

④ 该机场的天气条件等于或者高于该机场所在国政府批准的或者规定的起飞最低天气标准，或者如该机场没有批准的或者规定的标准时，云高/能见度等于或者高于 240 米/3200 米（800 英尺/2 英里），或者 270 米/2400 米（900 英尺/1.5 英里），或者 300 米/1600 米（1000 英尺/1 英里）。

（5）在合格证持有人《运行规范》中，签派或者放行的标准应当在经批准的该机场的最低运行标准上至少增加下列数值，作为该机场用作备降机场时的最低天气标准：

① 对于至少有一套可用进近设施的机场，其进近设施能提供直线非精密进近程序、直线类精密进近程序或直线 I 类精密进近程序，或在适用时可以从仪表进近程序改为盘旋机动，最低下降高（MDH）或者决断高（DH）增加 120 米（400 英尺），能见度增加 1600 米（1 英里）；

② 对于至少有两套能够提供不同跑道直线进近的可用进近设施的机场，其进近设施能提供直线非精密进近程序、直线类精密进近程序或直线 I 类精密进近程序，应选择两个服务于不同适用跑道的进近设施，在相应直线进近程序的决断高（DH）或最低下降高（MDH）较高值上增加 60 米（200 英尺），在能见度较高值上增加 800 米（1/2 英里）。

（6）如选择具备 II 类或 III 类精密进近的机场作为备降机场计算备降机场天气标准，合格证持有人必须确保机组和飞机具备执行相应进近程序的资格，且飞机还应具备 III 类一发失效进近能力。此时，签派或者放行标准应按以下数值确定：

① 对于至少一套 II 类精密进近程序的机场，云高不得低于 90 米，能见度或跑道视程

不得低于 1200 米；

② 对于至少一套Ⅲ类精密进近程序的机场，云高不得低于 60 米，能见度不得低于 800 米，或云高不得低于 60 米，跑道视程不得低于 550 米。

（7）如选择具备基于 GNSS 导航源的类精密进近程序的机场作为备降机场计算备降机场天气标准时，合格证持有人应当经过局方批准并确保：

① 机组和飞机具备执行相应进近程序的资格；

② 在签派或放行时，不得在目的地机场和备降机场同时计划使用类精密进近程序；

③ 对使用基于 GNSS 导航源的类精密进近的机场，应当检查航行资料或航行通告并进行飞行前接收机自主完好性（RAIM）预测；

④ 对于使用 RNPAR 程序的备降机场，计算备降机场天气标准所基于的 RNP 值不得低于 RNP0.3；

⑤ 在目的地机场有传统进近程序可用；

⑥ 在确定上述（5）中的进近导航设施构型时，应当将基于同一 GNSS 星基的仪表进近程序当作一套进近导航设施。

（8）备降机场的备降标准是在签派放行飞机时使用的。当飞机遇到备降情况而飞往备降机场进近着陆时，可执行该机场本身的着陆最低标准，无须考虑该机场用作备降机场时的备降最低标准。

2.6.3　国内、国际定期载客运行从备降机场和未列入运行规范的机场起飞

（1）从备降机场起飞时，该机场的天气条件应当至少等于合格证持有人运行规范中对于备降机场规定的最低天气标准。

（2）在未列入运行规范的机场起飞时，应当符合下列条件：

① 该机场和有关设施适合于该飞机运行；

② 驾驶员能遵守飞机运行适用的限制；

③ 飞机已根据适用于经批准的机场实施运行的签派规则予以签派；

④ 该机场的天气条件等于或者高于该机场所在国政府批准的或者规定的起飞最低天气标准，或者如该机场没有批准的或者规定的标准时，云高/能见度等于或者高于 240 米/3200 米（800 英尺/2 英里），或者 270 米/2400 米（900 英尺/1.5 英里），或者 300 米/1600 米（1000 英尺/1 英里）。

2.6.4　连续下降最后进近（CDFA）

1. 定义

（1）连续下降最后进近（CDFA）

一种与稳定进近相关的飞行技术，在非精密仪表进近程序的最后进近阶段连续下降，没有平飞，从高于或等于最后进近定位点高度/高下降到高于着陆跑道入口大约 15 米（50 英尺）的点或者到该机型开始拉平操作的点。

（2）CDFA 特定决断高度/高（DDA/H）

使用 CDFA 技术进近时,为确保航空器在复飞过程中不低于公布的最低下降高度/高,由运营人确定的在公布的最低下降高度/高以上的某一高度/高,当下降至此高度/高时,如果不具备着陆条件,飞行员应开始复飞。CDFA 示意图见图 2-12。

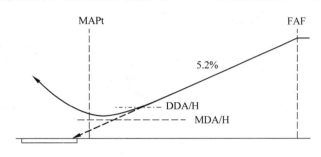

图 2-12　CDFA 示意图

2. CDFA 技术的优势

相对于航空器在到达最低下降高度/高前快速下降的大梯度下降（快速下降后平飞）进近技术,CDFA 技术具有下述优势:

（1）通过应用稳定进近的概念和标准操作程序降低安全风险;

（2）提高飞行员情景意识并减少工作负荷;

（3）减少大推力状态下的低空平飞时间,提高燃油效率,降低噪音;

（4）进近操作程序类似于精密进近和类精密进近,包括复飞机动飞行;

（5）能够与气压垂直导航（Baro-VNAV）进近的实施程序相整合;

（6）减少在最后进近航段中低于超障裕度的可能性;

（7）当处于公布的下降梯度或下滑角度飞行时,航空器姿态更容易使飞行员获得所需的目视参考。

3. CDFA 技术的适用性

CDFA 技术适用于下列公布了垂直下降梯度或下滑角度的非精密进近程序:VOR,VOR/DME,NDB,NDB/DME,LOC,LOC/DME,GNSS;在境外运行时,还可能包括LOC-BC,LDA,LDA/DME,SDF,SDF/DME 等。

注:CDFA 技术不适用于目视盘旋进近。

4. 要求

设备要求:除了非精密进近程序所要求的设备外,CDFA 技术不需要特殊的航空器设备。

进近类型要求:CDFA 要求使用仪表进近程序中公布的垂直下降梯度或气压垂直引导下滑角度。

5. CDFA 特定决断高度/高（DDA/H）

飞行员在使用 CDFA 技术的过程中执行复飞时,不得使航空器下降到最低下降高度/高以下。考虑到航空器在复飞过程中可能的高度损失等因素,运营人应指令他们的飞行员在公布的最低下降高度/高以上的某一高度/高[即 CDFA 特定决断高度/高(DDA/H),例如:在公布的最低下降高度/高上增加 15 米(50 英尺)]开始复飞,以确保航空器不会下降到公布的最低下降高度/高以下。

CDFA 特定决断高(度)示意图见图 2-13。

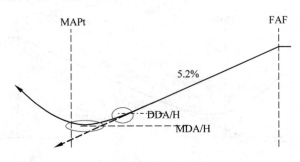

图 2-13　CDFA 特定决断高(度)示意图

6. 不使用 CDFA 技术的运营人的能见度最低标准

如果在非精密进近中不采用 CDFA 技术,运营人所确定的其机场运行最低标准应在局方批准的该机场最低标准之上。对于 A、B 类飞机,跑道视程/能见度(RVR/VIS)至少增加 200 米,对于 C、D 类飞机,RVR/VIS 至少增加 400 米。增加上述能见度最低标准,目的是使不采用 CDFA 技术的运营人的飞行员在最低下降高度/高平飞时有足够的裕度来获得恰当的目视参考,并转换至目视下降,以便在接地区着陆。具体能见度最低标准的批准应在运营人的运行规范或其他批准文件中详细说明。

7. CDFA 的航图识别

传统航图和 CDFA 航图分别见图 2-14 和图 2-15。

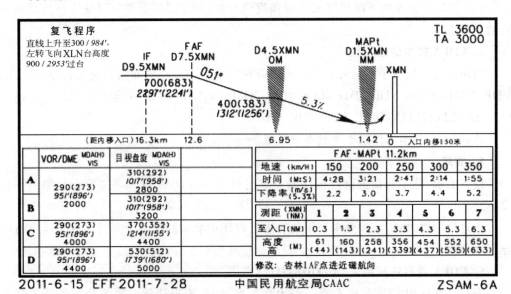

图 2-14　传统航图

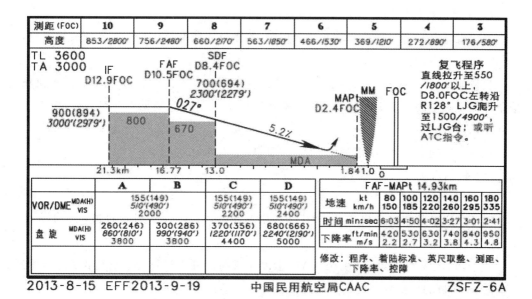

图 2-15 CDFA 航图

（1）CDFA 的航图中机场运行最低标准的制定遵循咨询通告《民用航空机场运行最低标准制定与实施规则》（AC-97-FS-2011-01）。提供 CDFA 运行的非精密进近程序仍公布最低下降高度/高（MDA/H）。

（2）英尺标注及地速/FAF-MAPt/飞行时间/下降率表、高度/距离表等均按照局方要求执行。例如：高度/距离表放在剖面图上方，测距数值排列方式与进近方向对应。如果剖面图中进近方向由左至右，则测距数值由左至右依次减少；如果剖面图中进近方向由右至左，则测距数值由右至左依次减少（仅针对测距仪位于进近方向前方；否则，反之）。

（3）如果最后进近航段有梯级下降定位点（SDF），剖面应采用连续下降的表示方法，不再采用梯级下降的表示方法。

（4）运行非精密进近复飞在剖面图中应采用决断高度/高复飞的标注方法，即在 MDA/H 之上拉起，并保证复飞轨迹的最低位置不低于 MDA/H，不再采用平飞至 MAPt 点再拉起的表示方法。而 ILS 或 LNAV/VNAV 进近复飞的标注应在 DA/H 位置拉起。

（5）航路最低超障高度（高）使用阴影予以表示。

2.7 特殊运行

2.7.1 Ⅱ类运行程序

1. Ⅱ类精密进近运行的定义

决断高低于高出接地区标高 60 米（200 英尺），但不低于高出接地区标高 30 米（100 英尺），跑道视程不低于 300 米的精密进近着陆（以下简称Ⅱ类运行）。

2. Ⅱ类运行的签派放行

当地机场管制部门宣布启动Ⅱ类运行时，签派员应按Ⅱ类运行标准签派放行飞机，直至其宣布Ⅱ类运行结束。

当目的地机场天气报告、预报或者二者结合表明在飞机预计到达时刻，目的地机场气象条件低于确定的机场Ⅰ类精密进近最低运行标准或出现低能见天气趋势时，应考虑实施Ⅱ类运行。

在计划实施Ⅱ类运行时，签派员应当完成以下工作：

（1）评估机场

① 确定机场是否批准实施Ⅱ类运行：

对于国（境）外目的地机场，应确认所飞机型在《运行规范》中已授权该机场实施Ⅱ类运行及其Ⅱ类运行跑道；

对于国内目的地机场，应确认 NAIP 公布了该机场Ⅱ类运行程序及其Ⅱ类运行跑道。

② 评估目的地机场Ⅱ类精密进近最低运行标准：

结合航行通告、机场公布的Ⅱ类运行最低运行标准、公司批准的Ⅱ类运行着陆最低标准，取上述标准中的最高值作为本次Ⅱ类运行的最低运行标准。

③ 评估机场能够满足Ⅱ类运行服务的基本条件和要求：

包括使用的跑道，临界区、敏感区的范围，机动区的划分，气象测报设备、通信导航设备，助航灯光，地面电源和地面滑行引导车辆的保证等要求。

（2）评估飞机

① 确认飞机满足《运行规范》中的运行批准。

② 每次飞行准备前，需确认飞机安装有满足Ⅱ类运行要求的飞行仪表、无线电导航设备和其他机载系统，以及运行规范中需要额外增加的机载设备，且这些设备必须正常工作，并处于适航状态，否则不允许签派放行该次航班。

③ 当涉及运行的设备故障时，应由机务工程部门负责通知签派员。阅读飞机故障保留信息，确认飞机适航状况符合运行要求，通知并确认机组以获取相关信息。

（3）评估机组资质

确认机组资质符合Ⅱ类运行要求，新机长不能执行Ⅱ类运行。

（4）评估航行通告

签派员确认在飞机预计到达目的地机场时，查阅通告中对于飞行航路、机场终端区导航设施、跑道灯光系统、精密进近灯光系统、二类跑道使用情况等有关的限制，确定满足该机场Ⅱ类运行的要求及该机场Ⅱ类运行最低运行标准。

（5）评估天气

确认在飞机预计到达目的地机场时，目的地机场天气报告和（或）预报满足Ⅱ类运行气象条件，风向风速、风切变、颠簸、跑道污染等信息的使用以及几种跑道视程（RVR）报告的使用。

（6）签署放行单

当上述五个条件均满足Ⅱ类运行要求时，该航班方可实施Ⅱ类运行。签派员应在签派放行单中标注"CAT Ⅱ"。

（7）Ⅱ类运行监控

放行签派员应当对Ⅱ类运行的航班实施监控，包括飞机状况、目的地机场航行通告、目的地机场气象条件，并随时将获得的不满足Ⅱ类运行的信息和处置措施通报机组。

2.7.2　ETOPS 运行

1. 定义

延程运行 ETOPS（extended range operations）：是指飞机计划运行的航路上至少存在一点到任一延程运行可选备降机场的距离超过飞机在标准条件下静止大气中以经批准的一台发动机不工作时的巡航速度飞行超过 60 分钟对应的飞行距离（以两台涡轮发动机为动力的飞机）或超过 180 分钟对应的飞行距离（以多于两台涡轮发动机为动力的载客飞机）的运行。

2. ETOPS 的签派放行

ETOPS 运行签派放行时，除遵守公司基本的签派放行程序外，还需要完成以下工作：

（1）查阅机组是否有 ETOPS 运行资格。

（2）评估 MEL 相关条款对 ETOPS 运行的限制，确保飞机适航状况符合 ETOPS 运行需求。

（3）确认通信设备是否满足 ETOPS 运行要求。签派员应在放行前确认延程运行航班可以满足语音通信要求，当通信设施不可用，或者因其质量低劣而无法进行语音通信，则应当以 ACARS 通信取代语音通信设施。

（4）评估延程运行指定备降机场天气条件应满足延程运行备降标准（航空公司为飞行签派和飞机机组均配备了 ETOPS 航线专用航路标配图，上面标注了相应机型批准的最大改航时间及延程运行可选备降机场），同时保证在延程运行指定备降机场的关注时间段内，该机场的航行通告表明机场开放且能够保证飞机安全进近与着陆。

（5）评估计算机飞行计划中的临界燃油方案对起飞油量的影响。

（6）核实计划中各等时点的时间、临界燃油量、剩余燃油量，确认其满足延程运行的燃油政策要求。

（7）确认飞行计划中列出的延程运行指定备降机场的气象资料和航行通告资料有效性。

（8）检查航线、机型、飞机、改航时间、可选的延程运行备降机场已经获得运行规范批准。

对于超过 180 分钟的双发飞机 ETOPS 运行，还需要完成以下工作：

（1）检查计划的延程运行改航时间不得超过该飞机时限最严格的延程运行关键系统

（包括货舱抑火装置）所规定的最长时间限制减去 15 分钟。

（2）在签派放行单中标明选择这种方案的原因，并保存一份所有超过 180 分钟延程运行的记录。

（3）优先选择离计划航路更近的延程运行可选备降机场作为延程运行指定备降机场。

放行签派员完成延程运行放行评估后，应对计划的每个延程运行指定备降机场实施监控，直至航班飞离延程运行退出点。

ETOPS 是基于一发失效的基础上提出的概念，所以各公司在执行 ETOPS 运行时，还需要制定一发失效应急程序，签派员必须熟悉此程序。在飞机出现一台发动机失效情况下，为确保飞行安全，机长应当选择在能够进行安全着陆的最近的延程运行可选备降机场着陆，并将机组决策通报公司，签派员应协助检查以下相关因素：

（1）飞机构型、重量、系统和剩余燃油；

（2）备降航路上的风和天气的状况；

（3）备降航路上的最低飞行高度；

（4）备降航路上的燃油消耗；

（5）备降机场附近的地形、天气和风；

（6）跑道的可用性以及道面情况；

（7）可用的进近导航设施和灯光；

（8）备降机场救援与消防服务（RFFS）等级；

（9）旅客服务设施以及机场人员的出入境服务和住宿情况；

（10）机长对机场的熟悉程度。

2.7.3　二次放行

1. 定义

二次放行（简称"二放"）是指航路上有计划的重新签派放行。其原理是国际航线运行时，不可预期燃油很少被消耗，为了充分利用这部分燃油，达到提升飞机业载的目的，故进行二次放行。不可预期燃油指为补偿不可预见因素所需的燃油量，根据航程燃油方案使用的燃油消耗量计算，占计划航程燃油 10% 的所需燃油。经过局方审定批准，可以执行不可预期燃油最低标准 5%，当低于 3% 时，不得实施计划的二次放行。

具体做法是，在保证飞行安全的前提下，可以先将该航班签派放行飞往航班航路上 90%~95% 航程附近的一个机场（初始目的地机场），然后在航路上选择一个适当的空中航路点（即二次放行点），在该点按照飞机的实际重量和所剩的机载燃油，考虑其他放行条件，再次签派放行，实施从二次放行点到最终目的地机场的二次放行（如图 2-16）。这两次签派放行的油量都必须遵守公司的燃油政策。

使用二次放行，所需燃油为以下两者的最大值：

F1＝滑行 A＋航程 AB＋10% 航程燃油 RB＋备降 BE＋等待 E＋额外

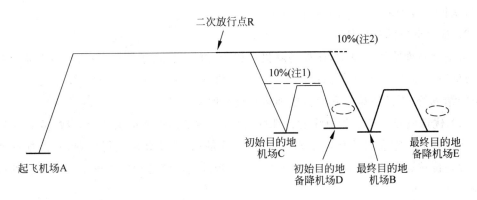

图 2-16　二次放行示意图

F2＝滑行 A＋航程 AC＋10％航程燃油 AC＋备降 CD＋等待 D＋额外

2. 二次放行的实施

初始放行阶段的二次放行判断：

（1）航线与机型是否匹配；

（2）飞机是否有影响二次放行的故障；

（3）二放航路上是否存在重要通告天气；

（4）天气条件是否满足相关运行标准；

（5）相关机场是否提供有效地面保障。

再次放行评估：

（1）在二次放行决断点，如果飞机所载油量多于或等于计划二次放行所需油量，飞机可继续飞向最终目的地机场。

（2）在二次放行决断点，如果飞机所载燃油量少于计划二次放行燃油量，重新评估二次放行。

① 重新选择最终目的地机场的备降机场。

a. 重新选择一个距目的地机场较近的合适备降机场；

b. 重新进行燃油计算分析；

c. 飞机所载燃油量符合再次二次放行计划的所需燃油量。

② 更改航路。如果可以选择一条较近的航路，则申请更改航路。如果二次放行时飞行航路与起飞前计划的航路不同，AOC 的二次放行信息中必须包括新的航路信息。

③ 更改飞行高度层。在二次放行决断点，飞机所载油量少于计划二次放行所需燃油量时，若更改条件无法满足到达最终目的地机场所需油量时，飞行机组必须在初始目的地机场或其备降场降落。

2.7.4　极地运行

1. 定义

极地区域或极地地区，包括北极区域和南极区域，其中，北极区域为北纬 78 度以北的区域,南极区域为南纬 60 度以南的区域。

2. 极地运行的签派放行

极地运行面临巨大挑战,比如备降机场稀少,机场设施、条件差;磁场对航空器导航设施、通信有一定干扰;常年低温使上空大气层温度达到零下 60℃～70℃,使用普通航空燃油可能结冰等,因此签派员在放行极地运行航班时应注意:

(1) 优选航路。考虑到航线的特殊性,要求配载部门提前提供预计业载(或者无油重量),飞行签派根据获得的预计业载(或者无油重量)制作计算机飞行计划,并根据计算机飞行计划优选原则以及公司运行手册中规定的极地航路优选原则来确定本次航班的最佳航路。

(2) 评估飞机保留故障是否影响极地运行和延程运行。

(3) 评估宇宙辐射等级。在航班计划运行时间段内,当太阳辐射预报中各项分别低于 G4、S3、R3 时,可以执行极地运行;在航班计划运行时间段内,当太阳辐射预报中有任意一项达到或超过 G4、S3、R3 时,不能执行极地运行。

(4) 获得最佳高频(HF)频率并将获得的最佳高频通讯频率加入签派放行单中。

(5) 评估延程运行,需要根据双发飞机延程运行指定备降机场计划,制定极地航路紧急备降机场方案。

(6) 评估极地航路改航机场。如果实施极地运行,应结合本次延程运行指定备降机场方案,确定极地航路改航机场的使用顺序,并将指定的极地改航机场 ICAO 四字代码加入签派放行单中。

(7) 取得燃油冰点,将燃油冰点通知航班机组。

(8) 极地运行的备份方案。

极地放行仍需要放行签派员对航班运行实施监控,随时帮助机组评估航路、航路备降机场的天气、通告等信息,确保运行安全。

2.7.5　PBN 程序

1. 定义

随着技术的进步,为了提升运行质量,很多时候航班在运行过程中会涉及 PBN(performance based navigation,基于性能的导航)程序。PBN 是指在相应的导航基础设施条件下,航空器在指定的空域内或者沿航路、仪表飞行程序飞行时对系统精确性、完好性、可用性、连续性以及功能等方面的性能要求。

2. PBN 的签派放行

PBN 飞行程序可以利用两类基本导航规范:区域导航(RNAV)和所需导航性能(RNP)。签派员在放行涉及相应程序时应:

(1) 查询《运行规范》,确认飞机相应程序的运行批准;

(2) 检查机组是否具备相应资质;

(3) 查询飞机的 MEL 信息,评估飞机保留故障对执行相应程序的影响;

（4）确认机载导航数据库已装载更新相应程序内容，并经情报部门验证可用；

（5）检查 RAIM 预测值，确保飞机在执行相应程序时间段的 RAIM 预测值不超过 5 分钟（含）以上的间断，否则不能执行相应程序；

（6）对航路、区域、机场进行评估，是否满足相应程序要求；

（7）对相应程序机场的温度限制和 QRH 限制进行评估；

（8）在派发（拍发）领航计划报（FPL）时，根据不同的 PBN 运行种类按要求在相应地方进行标注。

2.7.6　HUD 运行

1. 定义

HUD（head-up display，平视显示器）是一种在飞行员视野范围内，可以把飞行数据投射到透明显示组件上的显示器，它可以使驾驶员保持平视就能获取飞行信息。

HGS（head-up guidance system，平视指引系统）是一种飞机光学显示系统，用来向飞行员提供直至接地阶段的指引信息并显示在 HUD 合成仪上。

HUD 运行可以分为：

（1）标准Ⅰ类运行：适用于在标准Ⅰ类跑道上按照现行最低标准，实施能见度（VIS）不低于 800 米（2400 英尺）或跑道视程（RVR）不低于 550 米（1800 英尺），DH 不低于 60 米（200 英尺）的标准Ⅰ类运行，使用 HUD 至 DH 的运行。

（2）特殊Ⅰ类运行：适用于具备满足一定条件的Ⅰ类精密进近跑道上实施 RVR 不低于 450 米（1400 英尺），DH 不低于 45 米（150 英尺）的Ⅰ类运行，使用 HUD 至 DH 的运行。

（3）标准Ⅱ类运行：适用于在标准Ⅱ类跑道上按照现行最低标准，实施 RVR 不低于 300 米（1000 英尺），DH 不低于 30 米（100 英尺）的Ⅱ类运行，使用 HUD 至接地。

（4）特殊Ⅱ类运行：适用于不符合 ICAO 标准Ⅱ类 ILS 设施和灯光条件的跑道上，实施 RVR 不低于 350 米（1200 英尺），DH 不低于 30 米（100 英尺）的Ⅱ类运行，使用 HUD 至接地。

（5）RVR 低于 400 米的起飞：在满足相应要求的跑道上，实施 RVR 低于 400 米（1200 英尺）但不低于 75 米（300 英尺）的低能见度起飞。

2. HUD 运行

使用 HUD 运行与传统运行相比，在导航和灯光配置等方面存在差异，其主要技术要点如下：

（1）机场跑道/滑行道中线灯间距为 30 米，可以实施 RVR200/150 米的低能见度起飞；

（2）机场跑道灯光电源可以通过多种形式实现备份电源的 1 秒切换；

（3）对支持 HUD 特殊批准Ⅱ类运行的 ILS，航向信标可选择性配置或不配置远场监视器；

（4）部分现Ⅰ类运行 ILS 的场地条件可以满足使用 HUD 实施特殊Ⅱ类运行要求；

（5）机场 RVR 设备合格的情况下，无论其类型组合如何，其提供的 RVR 报告运营人均可以采信；

（6）使用 HUD 实施特殊Ⅰ、Ⅱ类运行的跑道入口前 1000 米地形不要求完全平整。

3. HUD 的签派放行

（1）签派员放行飞机时，应确认飞机装备的 HUD 设备工作正常且执飞的飞行机组具备使用 HUD 实施相应运行的资格，并建立合适的程序，确保 HUD 设备状态信息可在适航维修部门和飞行机组间准确传递；

（2）HUD 运行要求两套无线电高度表必须工作；

（3）确认飞机是否具备运行 HUD 能力，并且不存在影响 HUD 运行的故障保留；

（4）签派员在放行航班时，不得使用 HUD 运行标准作为评估备降机场的最低天气标准。

2.8 燃油政策

2.8.1 燃油量要求

为保证飞行安全，降低燃油成本，各公司根据局方的法规要求制定了燃油政策。签派放行飞机时，飞行签派员和机长应根据公司燃油政策，并考虑气象的复杂情况，空中交通流量情况，起飞机场、目的地机场、备降机场的条件以及飞机状况等共同确定该次飞行的实际放行油量。公司规定的燃油政策必须符合 CCAR-121 部的要求：

1. 飞机必须携带足够的可用燃油以安全地完成计划的飞行并从计划的飞行中备降。

2. 飞行前对所需可用燃油的计算必须包括：

（1）滑行燃油。起飞前预计消耗的燃油量。

（2）航程燃油。考虑到 CCAR-121.663 条的运行条件，允许飞机从起飞机场或从重新签派或放行点飞到目的地机场着陆所需的燃油量。

（3）不可预期燃油。为补偿不可预见因素所需的燃油量。根据航程燃油方案使用的燃油消耗率计算，它占计划航程燃油 10％的所需燃油，但在任何情况下不得低于以等待速度在目的地机场上空 450 米（1500 英尺）高度上在标准条件下飞行 15 分钟所需的燃油量。

（4）备降燃油。飞机有所需的燃油以便能够：

① 在目的地机场复飞；

② 爬升到预定的巡航高度；

③ 沿预定航路飞行；

④ 下降到开始预期进近的一个点；

⑤ 在放行单列出的目的地的最远备降机场进近并着陆。

（5）最后储备燃油。使用到达目的地备降机场，或者不需要目的地备降机场时，到达目的地机场的预计着陆重量计算得出的燃油量，对于涡轮发动机飞机，以等待速度在机场上空 450 米（1500 英尺）高度上在标准条件下飞行 30 分钟所需的油量。

（6）酌情携带的燃油。合格证持有人决定携带的附加燃油。

3．合格证持有人应按照四舍五入方式为其机队每种型别飞机和衍生型确定一个最后储备燃油值。

4．除非机上可使用的燃油符合上述要求，否则不得开始飞行；除非机上可使用的燃油按照要求符合上述除滑行燃油以外的要求，否则不得从飞行中重新签派点继续飞往目的地机场。

燃油政策示意图见图 2-17。

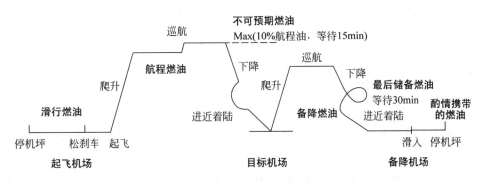

图 2-17　燃油政策示意图

2.8.2　特定情况燃油政策

特定情况下目的地备降机场燃油的计算：

（1）当不需要有目的地备降机场时，所需油量能够使飞机在目的地机场上空 450 米（1500 英尺）高度上在标准条件下飞行 15 分钟（如图 2-18）。

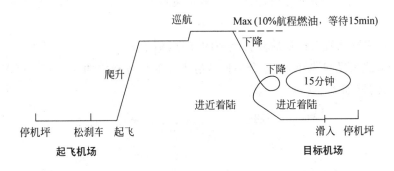

图 2-18　不需要目的地备降场时的油量要求

（2）无可用备降机场的特定目的地机场（孤立机场）。是指对于某一机型没有合适目的地备降机场的目的地机场。当从目的地机场决断高度/高或复飞点复飞改航至最近合适备降机场的所需燃油超过下列数值时，合格证持有人应当将该目的地机场视为无可用备降机场的特定目的地机场：

① 对于涡轮发动机飞机，以等待速度在机场上空 450 米（1500 英尺）高度上在标准条件下飞行 90 分钟所需的油量；

② 对于活塞发动机飞机,以等待速度在机场上空450米(1500英尺)高度上在标准条件下飞行75分钟所需的油量。

当预定着陆机场是一个孤立机场(无可用备降机场的特定目的地机场)所需要的油量规定(见图2-19):

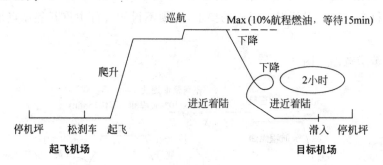

图 2-19 无可用备降机场时的油量要求

a. 能够以正常燃油消耗率在目的地机场上空飞行2小时的所需油量,包括最后储备燃油;

b. 当放行飞机前往孤立机场(无可用备降机场的特定目的地机场)时,需满足以下条件:

(a) 在飞机与签派室之间建立了独立可靠的语音通信系统进行全程监控;

(b) 必须为每次飞行至少确定一个航路备降机场和与之对应的航线临界点;

(c) 除非气象条件、交通和其他运行条件表明在预计使用时间内可以安全着陆,否则飞往无可用备降机场的特定目的地机场的飞行不得继续飞过航线临界点[航线临界点是指飞机能够从该点飞行到目的地机场以及特定飞行的可用航路备降机场的最后可能位置(地)点]。

(3) 活塞式发动机飞机最后储备燃油的计算:

对于活塞式发动机飞机,根据合格证持有人按照局方规定的速度和高度条件飞行45分钟所需的油量(如图2-20)。

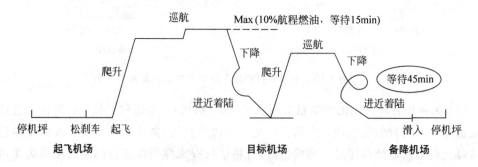

图 2-20 活塞式发动机飞机最后储备燃油

对于活塞式发动机飞机和涡轮螺旋桨发动机飞机的国际定期载客运行或者包括有至

少一个国外机场的补充运行,不可预期燃油不得低于以正常巡航消耗率飞往规定的机场所需总时间的 15% 所需的油量,或者以正常巡航消耗率飞行 60 分钟的油量,两者当中取其中较短的飞行时间(如图 2-21)。

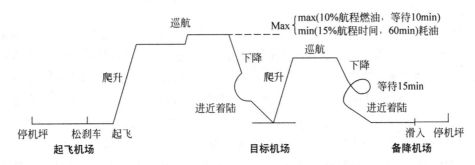

图 2-21　活塞和涡轮螺旋桨飞机国际定期及包括有至少一个国外机场的补充运行的燃油要求

如果根据前述要求计算的最低燃油不足以完成下列飞行,则应要求额外燃油:

(1) 假定在航路最困难临界点发动机发生失效或丧失增压需要更多燃油的情况下,允许飞机在必要时下降并飞行到某一备降机场。

① 以等待速度在该机场上空 450 米(1500 英尺)高度上在标准条件下飞行 15 分钟;

② 在该机场进近并着陆。

(2) 延程运行的飞机应当遵守经批准的延程运行临界燃油方案。

(3) 满足上述未包含的其他规定。

2.8.3　计算所需燃油应当考虑的因素

1. 携带的可用燃油量必须至少基于下列数据:

(1) 如果有的话,从燃油消耗监测系统获得的特定飞机的目前数据;

(2) 如果没有特定飞机的目前数据,则采用飞机制造商提供的数据。

2. 计算燃油量须考虑计划飞行的运行条件,包括:

(1) 风和其他天气条件预报;

(2) 飞机的预计重量;

(3) 航行通告;

(4) 气象实况报告或气象实况报告、预报两者的组合;

(5) 空中交通服务程序、限制及预期的延误;

(6) 延迟维修项目和/或构型偏离的影响;

(7) 空中释压和航路上一台发动机失效的情况;

(8) 可能延误飞机着陆的任何其他条件。

3. 尽管有 CCAR-121 部第 657 条和第 659 条的规定,若安全风险评估结果表明合格证持有人能够保持同等的安全水平,局方仍可以颁发运行规范批准合格证持有人使用不同的燃油政策。

4．前述的所需燃油是指不可用燃油之外的燃油。

2.8.4 最低油量

1．定义

最低油量是指飞行过程中应当报告空中交通管制员采取应急措施的一个特定燃油油量最低值,该油量是在考虑到规定的燃油油量指示系统误差后,最多可以供飞机在飞抵着陆机场后,能以等待空速在高于机场标高450米(1500英尺)的高度上飞行30分钟的燃油量。

决定在某一特定机场着陆时,如经计算表明对飞往该机场现行许可的任何改变会导致着陆时的机载剩余可用燃油量低于计划最后储备燃油量,机长必须通过宣布"最低油量"或"MINIMUM FUEL"向空中交通管制部门通知最低油量状态,并通知飞行签派员。

宣布"最低油量"是通知空中交通管制部门对现行许可的任何改变会导致使用低于签派的最后储备燃油着陆,这并非指紧急状况,仅表示如果再出现不适当耽搁很可能发生紧急状况。

2．最低油量情况下的处置措施

(1)若确认此时油量也低于最低燃油标准,签派员应确认所有相关的空中交通管制(ATC)都得到飞机处于最低燃油状态的信息;

(2)若确认此时油量也低于最低燃油标准,签派员应确认计划着陆的机场已得到飞机处于最低燃油状态的信息;

(3)签派员应密切监控飞机的飞行状态(包括但不限于高度、位置、剩油等),与相应的空管部门与机组联系,积极协调,直至飞机安全落地;

(4)向机长提供一切要求提供的帮助;

(5)签派员将此信息通报带班主任,由带班主任通知公司相关部门领导;

(6)记录紧急状态及相关的信息。

(7)当预计在距离最近的能安全着陆的合适机场着陆时的机载剩余可用燃油量低于计划最后储备燃油量时,机长必须通过广播"MAYDAY MAYDAY MAYDAY FUEL"宣布燃油紧急状况。

3．燃油紧急状况

燃油紧急状况是指,当预计在距离最近的能安全着陆的合适机场着陆时的机载剩余可用燃油量低于计划最后储备燃油量时,机长必须通过广播"MAYDAY MAYDAY MAYDAY FUEL"宣布燃油紧急状况。

宣布"燃油紧急状况"是一种紧急情况,是明确地声明航空器需要空管部门优先处置,这种优先权是基于计划航路与标准进近程序的。

宣布"燃油紧急状况"时,将应答机编码调到A7700并使用工作的频率或国际通用紧急频率拍发或通播紧急情况,宣布"燃油紧急状况"时应使用标准用语:"MAYDAY MAYDAY MAYDAY FUEL",宣布"燃油紧急状况"后应及时通知飞行签派员,并在进入下一管制区时再次向ATC声明"燃油紧急状况";飞机落地后,应向局方写出书面报告。

第 3 章

签派放行简易手工计划制作

一般情况下,在确定了某次航班任务的起飞机场、目的地机场、备降机场以及航班的预计起飞时间后,下一步就需要对航班的航路和飞行程序等进行选择,根据航班的业载和飞机的起飞重量、着陆重量等重量限制,制作简易手工飞行计划。本章将对航班航路规划的影响因素、步骤和简易手工飞行计划的制作方法进行介绍。

本章以一个从北京首都国际机场飞往上海虹桥国际机场航班案例的形式,介绍简易手工计划的做题思路和制作过程。文中首都机场、虹桥机场的航图信息和航路信息可以通过扫描封底刮刮卡二维码查看,涉及的表格中给出了航路信息参考,并以所选航路进行了航段信息的填写,同时提供飞行剖面图的重量变化表,为读者厘清飞行计划中各重量的关系。最后附了飞机的装载舱单,需要读者结合理论学习中飞行计划的载重平衡知识完成填写,同时完成领航计划报的填写和拍发。

3.1 航路选择的影响因素

鉴于我国空域规划和使用的现状,每个民航航班所使用的航路都需要经过严格的筛选和选择,在满足航班运行安全的前提下,还需要考虑多种因素,如:

(1)"飞行管制一号规定"的要求;

(2)航路导航方式:传统导航航路、PBN 航路;

(3)航路对外开放情况:国内航路、国际航路;

(4)航路最低安全高度;

(5)机组资质;

(6)航路禁航、导航设备不工作等情况;

(7)航路天气原因;

(8)其他。

3.2 航路规划的步骤

本节以 CA1501 航班为例,介绍确定航班航路的步骤。表 3-1 是航班的基本信息和签派放行评估后的所选备降场的情况。

表 3-1　航班基本信息

航班基本信息		
航班信息	航班号:CA1501	
	机型:B737-800	
	航线:北京首都—上海虹桥	
	起飞机场:北京首都国际机场	跑道:36R
	目的地机场:上海虹桥国际机场	跑道:36R
	目的地备降场:宁波栎社机场	跑道:13
班表时间	7 月 27 日 ETD0830—ETA1010(北京时)	
机组信息	机长:1 名 副驾驶:1 名	
飞机故障信息	飞机适航	
备注信息	无	

3.2.1　"飞行管制一号规定"的要求

《我国境内国际国内民航班机飞行航线和飞行高度层配备规定》,俗称"飞行管制一号规定",是由中国人民解放军空军司令部颁布的指导性文件。包括我国境内各城市对的默认航线,在进行航路选择时应使用"飞行管制一号规定"中制定的航路及推荐的高度层配置。仅在"飞行管制一号规定"中未制定相应城市对的航线或由于实际情况导致相应航线不可用时,才可由承运人自行制定航路并报空管局批准后使用。

为了演示航路选择的过程,本章中的航路选择不考虑"飞行管制一号规定"中对于特定城市对之间的航线要求,在实际运行中应以"飞行管制一号规定"的要求为准。

3.2.2　根据城市对相对方位选择主要航路

参照航路图 ERC-1,找到北京首都国际机场与上海虹桥国际机场。可以看出,连接北京首都国际机场与上海虹桥国际机场间的航路为 A593 航路。在评估航路天气及通告后,确定 A593 航路可用,初步选择 A593 航路为主要航路。

3.2.3　选择合适的支线航路

参照航路图 ERC-1,北京进近管制区边界上可以连接到 A593 航路的离场点为ELKUR,相应的航路为:

ELKUR-W40-YQG-W142-DALIM-A593

上海进近管制区边界上可以连接到 A593 的进场点为 SASAN,相应的航路为:

A593-VMB-W161-SASAN

3.2.4　选择进离场程序

1. 离场程序

参照北京首都国际机场 36L/36R/01 跑道标准仪表离场图（ZBAA AD2.24-7A），选择其中用于 36R 跑道且可连接到 ELKUR 的离场程序，满足条件的离场程序为 ELKUR-9ZD。

需要注意本程序为 RNAV 离场程序，飞机导航系统性能需要满足相应要求。

2. 进场程序

参照上海虹桥机场 36R/36L 跑道标准仪表进场图（ZSSS AD2.24-9A），选择其中进场点为 SASAN 且可用于 36R 跑道进近的进场程序，满足条件的进场程序为 SASAN-2A。

至此，起飞机场至目的地机场的航路已确定为：

ZBAA ELKUR-9ZD ELKUR W40 YQG W142 DALIM A593 VMB W161 SASAN SASAN-2A ZSSS

3.2.5　配备航路高度层

如 3.2.1 所述，我国境内的航路选择与高度层配备需满足"飞行管制一号令"的要求。为了方便描述，本章示例中的高度层配备仅考虑满足"东单西双"的要求，实际运行中以"飞行管制一号令"为准。北京飞上海，整体飞行方向是从西向东飞，因此需要选择单数的飞行高度层。

3.2.6　备降航路的选择

与起飞机场至目的地机场的航路确定步骤相同，可以确定目的地机场至备降机场的航路为：

ZSSS AND-4D AND AND-1A ZSNB

3.3　填写飞行计划表格

飞行计划表格（机场航路信息）和飞行计划表格（航段信息）分别见表 3-2 和表 3-3。

表 3-2　飞行计划表格（机场航路信息）

起飞机场	ZBAA	目的机场	ZSSS
起飞备降场	无	目的地备降场	ZSNB
航路备降场	无		
离场程序	ELKUR-9ZD		
进场程序	SASAN-2A		
航路	ELKUR W40 YQG W142 DALIM A593 VMB W161 SASAN		

表 3-3　飞行计划表格(航段信息)

航路点	磁航向	高度层	最低航路高度	距离(KM) 航段—距离		距离(NM) 航段—距离	
ZBAA				ELKUR-9ZD	216	ELKUR-9ZD	116
ELKUR	192°	FL301	616	W40	39	W40	21
DOXAB	170°	FL291	733	W40	94	W40	50
PANKI	166°	FL291	733	W40	55	W40	29
YQG	186°	FL301	2184	W142	36	W142	19
DALIM	169°	FL291	2184	A593	494	A593	266
DPX	150°	FL291	928	A593	335	A593	180
VMB	149°	FL291	1025	W161	21	W161	11
SASAN				SASAN-2A	79	SASAN-2A	42
ZSSS							
			总距离:	1369		734	
备降航路	磁航向	高度层	最低航路高度	距离(KM) 航段—距离		距离(NM) 航段—距离	
ZSSS				AND-4D	127	AND-4D	68
AND				AND-1A	24	AND-1A	12
ZSNB							
			总距离:	151		80	

3.4　计算航班起飞油量

根据 CCAR-121 部的燃油政策及公司《运行规范》的要求,计算航班起飞油量(图 3-1)。

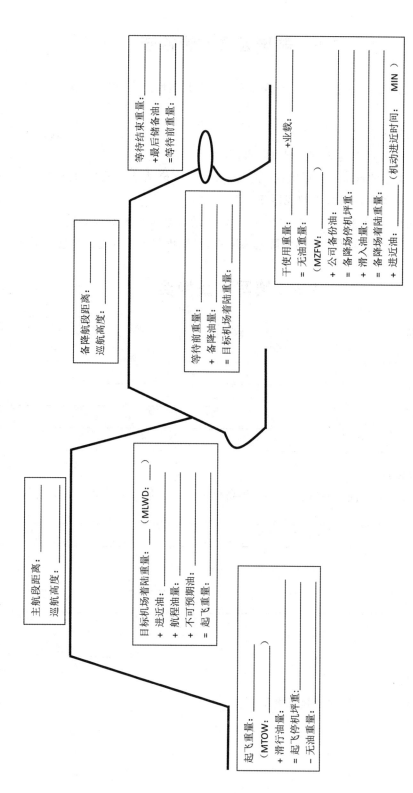

图 3-1　航班起飞油量计算

3.5　航班起飞重量检查

（1）起飞性能限重：根据起飞机场的气象条件查起飞性能表，得出本次航班的最大起飞性能限重。

（2）起飞结构限重。

（3）最大无燃油重限制的最大起飞限重。

最大无燃油重限制的最大起飞限重 ＝ 最大无燃油重 ＋ 机坪总油量

（4）最大着陆重限制的最大起飞限重。

最大着陆重限制的最大起飞限重 ＝ 最大着陆重 ＋ 航程油量

取四种起飞限重中最小的作为实际起飞限重，对航班起飞重量进行检查。

3.6　填写重量摘要

业载计算（单位）

旅客：＿＿＿＿＿＿＿＿＿＿＿＿＿＿＿＿＿＿＿＿＿＿＿＿＿＿＿＿＿＿＿＿＿

行李：＿＿＿＿＿＿＿＿＿＿＿＿＿＿＿＿＿＿＿＿＿＿＿＿＿＿＿＿＿＿＿＿＿

货物：＿＿＿＿＿＿＿＿＿＿＿＿＿＿＿＿＿＿＿＿＿＿＿＿＿＿＿＿＿＿＿＿＿

邮件：＿＿＿＿＿＿＿＿＿＿＿＿＿＿＿＿＿＿＿＿＿＿＿＿＿＿＿＿＿＿＿＿＿

总业载：＿＿＿＿＿＿＿＿＿＿＿＿＿＿＿＿＿＿＿＿＿＿＿＿＿＿＿＿＿＿＿＿

总油量计算（单位）

航线耗油＋不可预期燃油＋备降油＋最后储备燃油＋滑行油＋额外油＝实际放行油量

计算航线耗油：＿＿＿＿＿＿＿＿＿＿＿＿＿＿＿＿＿＿＿＿＿＿＿＿＿＿＿＿＿

不可预期燃油：＿＿＿＿＿＿＿＿＿＿＿＿＿＿＿＿＿＿＿＿＿＿＿＿＿＿＿＿＿

备降油：＿＿＿＿＿＿＿＿＿＿＿＿＿＿＿＿＿＿＿＿＿＿＿＿＿＿＿＿＿＿＿＿

最后储备燃油：＿＿＿＿＿＿＿＿＿＿＿＿＿＿＿＿＿＿＿＿＿＿＿＿＿＿＿＿＿

滑行油：＿＿＿＿＿＿＿＿＿＿＿＿＿＿＿＿＿＿＿＿＿＿＿＿＿＿＿＿＿＿＿＿

额外油：＿＿＿＿＿＿＿＿＿＿＿＿＿＿＿＿＿＿＿＿＿＿＿＿＿＿＿＿＿＿＿＿

放行总油量：＿＿＿＿＿＿＿＿＿＿＿＿＿＿＿＿＿＿＿＿＿＿＿＿＿（百位向上取整）

起飞重量（单位）

DOW＋PAYLOAD＋总燃油＝起飞重量

DOW：＿＿＿＿＿＿＿＿＿＿＿＿＿＿＿＿＿＿＿＿＿＿＿＿＿＿＿＿＿＿＿＿＿

PAYLOAD：＿＿＿＿＿＿＿＿＿＿＿＿＿＿＿＿＿＿＿＿＿＿＿＿＿＿＿＿＿＿

总燃油：＿＿＿＿＿＿＿＿＿＿＿＿＿＿＿＿＿＿＿＿＿＿＿＿＿＿＿＿＿＿＿＿

起飞重量：＿＿＿＿＿＿＿＿＿＿＿＿＿＿＿＿＿＿＿＿＿＿＿＿＿＿＿＿＿＿＿

3.7 填写装载舱单

B737-800 装载舱单见图 3-2a 和图 3-2b。

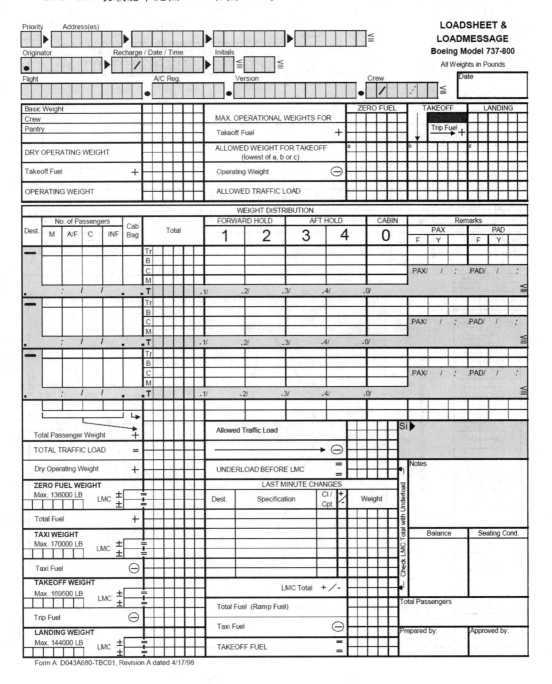

图 3-2a B737-800 装载舱单(1)

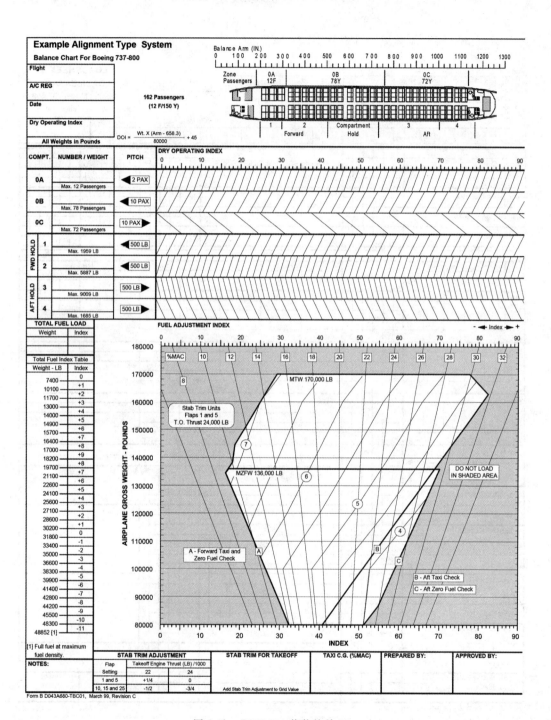

图 3-2b   B737-800 装载舱单(2)

3.8 填写 FPL

领航计划申请报表见图 3-3。

领航计划申请报表格式

电报等级 PRORITY

<<≡ FF →

收电地点和单位 ADDRESSEE(S)

<<≡

申报时间 FILING TIME

发电地点和单位 ORIGINATOR

<<≡

收电和(或)发电地点和单位全称
SPECIFIC IDENTIFICATION OF ADDRESSEE(S)AND/OR ORIGINATOR

报类 3 MESSAGE TYPE

<<≡ (FPL —

航空器识别标志 7 AIRCRAFT IDENTIFICATION

飞行规则 8 FLIGHT RULES —

飞行种类 TYPE OF FLIGHT <<≡

架数 9 NUMBER —

航空器机型 TYPE OF AIRCRAFT

尾流分类 WAKE TURBULENCE CAT /

设备 10 EQUIPMENT — / <<≡

起飞机场 13 DEPARTURE AERODROME —

时间 TIME <<≡

巡航速度 15 CRUISING SPEED —

高度层 LEVEL

航路 ROUTE →

<<≡

目的地机场 16 DESTINATION AERODROME —

预计经过总时间 TOTAL EET 小时·分钟 HR MIN →

备降机场 ALTN AERODROME →

第二备降机场 2ND ALTN AERODROME → <<≡

其他情报 18 OTHER INFORMATION

— REG /

<<≡

补充情报(在领航计划电报中不发) SUPPLEMENTARY INFORMATION(NOT TO BE TRANSMITTED IN FPL MESSAGES)

19

续航能力 ENDURANCE 小时·分钟 HR MIN

— E / → R /

机上人数 PERSONS ON BOARD

应急无线电 EMERGENCY RADIO → R / UHF U VHF V ELBA E

救生设备 SURVIVAL EQUIPMENT

→ S / 极地 POLAR P 沙漠 DESERT D 海洋 MARITIME M 森林 JUNGLE J

救生衣 JACKETS → J / 灯光 LIGHT L 荧光 FLUORES F UHF U VHF V

救生船 DINGHIES

→ D / 数量 NUMBER → 载量 CAPACITY → 篷 COVER → 颜色 COLOUR <<≡

航空器颜色和标志 AIRCRAFT COLOUR AND MARKINGS

A /

附注 REMARKS

→ N / <<≡

机长 PILOT IN COMMAND

C /) <<≡

申报人 FILED BY

填写其他要求的空格 SPACE RESERVED FOR ADDITIONAL REQUIREMENTS

图 3-3 领航计划申请报表

第 **4** 章

签派放行评估实践

从本章开始,将进入签派放行和简易飞行计划的实践练习阶段。本章对应第 2 章的理论内容分为五个模块 18 个实验,围绕签派放行评估进行实践练习。设计的实验内容基本涵盖了航空公司航班签派放行的日常工作中经常遇到的情况,同时本书附录部分提供了实验报告模板,目的是为读者在做实践练习的过程中提供签派放行内容和程序方面的帮助。

在这里需要强调的是,本书设计的签派放行评估的实践过程,是培养锻炼一个合格签派员思维模式的过程。科技的发展和时代的进步,使得签派放行成为了信息技术含量和集成化程度都非常高的工作,很多的结果都可以依赖计算机来完成,但绝不像有些人所说的签派放行是"鼠标手",点点鼠标就把一个航班给放行了。笔者也相信,随着人类科学技术的不断创新和发展以及航空公司科技投入力度的不断加大,现在看起来的一些繁复的工作内容,对于未来的签派员们将会更加"轻松",甚至很可能会被人工智能或者新的模式所取代,但是在签派这个工作岗位上,因为民航运行的特殊性,它所涉及的运行安全和人的生命财产安全容不得任何闪失和失误,因此人的功能和作用是不可替代的。一方面,科技的发展导致航空公司每年需求的签派人员的数量可能会逐步减少;另一方面,民航运行安全的刚性需求要求签派行业必须存在,把自己培养锻炼成什么样的人,才能符合未来签派抑或是一个新的岗位名称的职业需求,应该成为值得好好思考的问题。

4.1 飞行机组评估

4.1.1 实验 4.1

1. 航班基本信息模拟

航班基本信息参见表 4-1。

表 4-1 航班基本信息

航班信息	航班号:CA1211
	机型:B738
	航线:成都—长沙
	班表时间:7 月 27 日 ETD0830—ETA1010(北京时间)

续表

机组信息	机长:2 名(新机长为责任机长)　　　副驾驶:1 名
飞机故障信息	飞机适航
备注信息	无

2. 放行资料

(1) 气象报文

METAR ZUUU 112300Z 33001MPS 800 FG BKN033 05/03 Q1029 NOSIG=

TAF ZUUU 112047Z 112106 02004MPS 1000-RA BR FEW008 SCT023 BECMG 0001 700 BECMG 0203 1500 FG=

METAR ZUCK 112300Z 02001MPS 1500 BR FEW002 SCT013 OVC040 05/04 Q1029 NOSIG=

TAF ZUCK 112110Z 112106 VRB01MPS 1200 BR FEW003 SCT008 OVC050 BEC-MG 2223 1000 BR TEMPO 2301 0800-DZ FG BECMG 0102 1400 SCT012 OVC050=

METAR ZLXY 112300Z 04002MPS 1800 BR NSC M05/M08 Q1034 NOSIG=

TAF ZLXY 112056Z 112106 33003MPS 3500 FU NSC=

METAR ZUMY 112300Z 12001MPS 4000 BR SCT040 OVC070 04/00 Q1029 NOS-IG=

TAF ZUMY 112055Z 112106 35003MPS 1500-RA BR SCT033 OVC060=

METAR ZGHA 112300Z 34004MPS 1800-RA BR BKN007 OVC033 02/02 Q1033 NOSIG=

TAF COR ZGHA 111923Z 112106 35005MPS 1100-SNRA BR BKN007 OVC040 BECMG 0203 2500=

METAR ZHHH 112300Z 02003MPS 1500 BR SCT008 01/00 Q1034 NOSIG=

TAF ZHHH 111920Z 112106 03004MPS 1500 BR FEW008 SCT011 OVC050 =

METAR ZHYC 112300Z 00000MPS 1800 BR NSC 02/00 Q1034 N0SIG=

TAF ZHYC 111928Z 112106 00000MPS 1800 HZ NSC=

METAR ZSCN 112300Z 32006MPS 2500 BR SCT013 04/03 Q1031 NOSIG=

TAF ZSCN 112139Z 112106 00000MPS 1800 BR FEW007 BKN040 BECMG 0203 3000=

METAR ZGKL 112300Z 02003MPS 2500-RA SCT008CB 01/00 Q1034 NOSIG=

TAF ZGKL 111920Z 112106 03004MPS 2000 BR FEW008 SCT011CB OVC050 TEMPO 0204-TSRA=

(2) 航行通告

成都/双流 200701060001-200701300500（大约）0001-0500

A 滑行道南端垂直于跑道部分的滑行中线以北 765 米处起至 02 号跑道的 A 滑行道

关闭,因施工。

成都/双流 200701060001-200701300500（大约）0001-0500 每日

本场不接受备降,因施工。

成都/双流 200701080501-200701301000

本场视程仪故障,不提供跑道视程。

长沙/黄花 200701020800-200701300800（大约）

滑行道 A 至停机坪之间的 C 滑行道关闭,因施工。

长沙/黄花 200309130000-永久

修改航线手册。参阅航线手册 ZGHA-11A(2001.7.20 生效 2001.8.1),长沙空中走廊规定中二号走廊规定第 1 条改为:往返长沙黄花机场的飞机按黄花南近台—大托铺南近台—老粮仓甚高频全向信标一线飞行。在大托铺南近台以西 40 公里,以东 5 公里间。各型飞机须保持 3000 米(含)~5100 米(含)高度飞行。

武汉情报区 200701220800-200701261100 0800-1100 每日

W31 航路恩施至宜昌段,因空军活动 8000 米以上禁航。

重庆/江北 200701080700-200701302100 07:00—21:00 每日

重庆江北机场 20 号跑道 ILS(IOS/108.1MHz)不提供使用,因校飞。

西安/咸阳 200612192020-200704302359（大约）

本场 1-6 号航空器停机位关闭因维修。

西安/咸阳 200612192012-200704302359（大约）

西安咸阳国际机场旧航站楼关闭,因改造维修。

西安/咸阳 200612192359-永久

西南超远台 NDB(频率/呼号:460kHz/GF)开放使用。

西安/咸阳 200612192359-永久

烽火 VOR/DME(频率/呼号:113.2MHz/FNH)开放使用。

西安/咸阳 200611280001-200707302359

RWY05 航向台(呼号 IGG,频率 109.9MHz)限制性开放使用:航向信标航向道左右 28°以外不提供使用。

西安/咸阳 200612221406-200701302359

参阅航线手册西安/咸阳机场 ZLXY-5A/5B,ZLXY-5C(2006-11-20),将 ZLXY-5A 中以咸阳 VOR/DME 作为起始进近定位点的高度改为 1400/4593,将 ZLXY-5B/5C 中以三原 NDB 作为起始进近定位点的高度改为 1400/4593。ZUMY(绵阳)没有选定时段内开始生效的通告。

武汉/天河 200612200940-200712312359（大约）

XSH-1A 进场航线暂时关闭。

武汉/天河 200609221550-200705182359（大约）

RWY04 航向信标在高度 QNH700 米,距离 17 海里处左右 16°以外不可用。

武汉/天河 200609221540-200705182359（大约）

RWY22 航向信标在高度 QNH700 米：距离 14 海里/航道左侧 17°以外、距离 17 海里/航道左右两侧 11°以外均不可用。

南昌/昌北 200609141520-200706101520

本场 RWY03 航向台（IEE/111.7MHz）15 海里以外的左侧 25°之外不可用，因校验不合格。

宜昌/三峡 200701082330-200701260830　23：30—08：30 每日

机场关闭。

宜昌/三峡 200701061250-200702061230

RWY32 近台（J/389kHz）不工作。

宜昌/三峡 200612191653-200709192000（大约）

RWY14 近台 NDB（F/333kHz）不工作。

宜昌/三峡 200612121630-200709121800（大约）

RWY14 ILS（IFF/109.5MHz）不工作。

桂林/两江 200612191653-200709192000 替代 C0971/18

机场不接收训练、通航飞行，因停机位紧张。

桂林/两江 200612121630-200709120630（大约）　00：01—06：30 DLY

机场不接收非紧急情况的航班备降，因道面及助航灯光施工。

（3）航图信息

> 轻轻刮开贴在封底的刮刮卡，扫描露出的二维码即可在线查看航图信息。

3. 问题

（1）该航班能否放行？机组搭配是否合理？天气标准是多少？

（2）是否需要选择起飞备降场？选择的依据是什么？

（3）目的地机场的备降场是哪一个？选择的依据是什么？

（4）如果航班可以放行，请填写签派放行单和 FPL。

4.1.2　实验 4.2

1. 航班基本信息模拟

航班基本信息见表 4-2。

表 4-2　航班基本信息

航班信息	航班号：CA1312
	机型：B738
	航线：北京—海拉尔
	班表时间：7 月 1 日 ETD0700—ETA0900（北京时间）

机组信息	机长:2名(新机长为责任机长)　　副驾驶:1名
飞机故障信息	飞机适航
备注信息	海拉尔跑道上有积雪,道面摩擦系数为0.35 B738顺风起降限制为5m/s(干跑道)

2. 放行资料

(1) 气象报文

METAR ZBAA 182030Z 16003MPS 120V180 400 R36L/500N R18L/450U R01/600U FG NSC 18/11 Q1010 NOSIG=

METAR ZBAA 182000Z 13002MPS 100V160 400 R36L/500N R18L/450U R01/600U FG NSC 17/11 Q1010 NOSIG=

TAF ZBAA 181913Z 182204 18004MPS 600 FG NSC TX27/07Z TN21/03Z BECMG 0001 800 BECMG 0203 2000 BR=

METAR ZBTJ 182030Z 21006MPS 1600 BR NSC 20/08 Q1010 NOSIG=

METAR ZBTJ 182000Z 22004MPS 170V270 1700 BR NSC 19/08 Q1011 NOSIG=

TAF COR ZBTJ 181919Z 182204 22006MPS 2000 BR NSC TX28/06Z TN18/12Z=

METAR ZBSJ 182000Z 18001MPS 400 FG NSC 18/14 Q1009 NOSIG=

METAR ZBSJ 181900Z 16002MPS 500 FG NSC 15/13 Q1009 NOSIG=

TAF ZBSJ 181910Z 182204 18002MPS 400 FG NSC TX28/07Z TN21/12Z BECMG 0102 1500 BR=

METAR ZSJN 182000Z 18004MPS 2000 BR 24/08 Q1011 NOSIG=

METAR ZSJN 181900Z 15003MPS 2000 BR 20/09 Q1011 NOSIG=

TAF ZSJN 181914Z 182204 23005G10MPS 3500 BR NSC TX29/06Z TN21/12Z=

METAR ZBLA 182000Z 10002MPS 1100 - SHSN M22/M13 Q1030 NOSIG=

METAR ZBLA 181900Z 10002MPS 1200 M22/M13 Q1030 NOSIG=

TAF ZBLA 181905Z 182204 16004MPS 1000 - SHSN SCT016 TXM10/04Z TNM20/22Z=

METAR ZYHB 182000Z 21004MPS 1400 M14M/01 Q1009 NOSIG=

METAR ZYHB 181900Z 21005MPS 1500 M12/M02 Q1009 NOSIG=

TAF ZYHB 181903Z 182204 20004MPS 1200 SCT030 TXM5/04Z TNM14/22Z BECMG 2300 2000=

METAR ZBMZ 182000Z 09003MPS 050V200 9999 SCT030 M26/M15 Q1005 NOSIG=

METAR ZBMZ 181900Z 36002MPS 280V030 9999 SCT030 M26/M15 Q1006 NOSIG=

TAF ZBMZ 180145Z 180312 08009MPS 9999 FEW026 TXM15/04Z TNM23/22Z=

METAR ZBUL 182000Z 14007MPS 3200 14/M04 Q1008 NOSIG=

METAR ZBUL 181900Z 15006MPS 3000 12/M03 Q1008 NOSIG=

TAF ZBUL 181914Z 182204 15006MPS 3500 TX20/06Z TN14/12Z=

METAR ZYQQ 182000Z 32002MPS 280V360 CAVOK 12/M00 Q1008 NOSIG=

METAR ZYQQ 181900Z VRB01MPS CAVOK 10/M01 Q1008 NOSIG=

TAF ZYQQ 181910Z 182204 32004MPS 7000 NSC TX18/06Z TN08/12Z=

（2）航行通告

北京/首都 202001220200-202001220630

关闭 M1 滑行道与 N106 停机位之间的 Z3 滑行道。

北京/首都 202001190230-202001200600　　0230-0600　　DLY

关闭 Y3 滑行道与 T3 滑行道之间的 G 滑行道。

北京/首都 202001180230-202001220600　　0230-0600　　DLY

关闭 F3 滑行道与 Z2 滑行道之间的 F 滑行道。

北京/首都 202001190600-202001191200

关闭 J5 滑行道与 T6 滑行道之间的 H 滑行道。

北京情报区 202001190600-202001191200

预警区域:北京区域。

预警原因:天气原因。

预期影响:通行能力下降 30%。

天津/滨海 202001180000-永久

因本场空域限制,参照国内航空资料汇编航图手册 ZBTJ-5J/5K,34R 复飞程序修改为:

直线爬升至 120 米,右转飞向 TJK,飞至 D3.0TJK,高度 600 米/2000 英尺或以下,加入等待,联系 ATC。

天津/滨海 202001190001-202001190600　　00:01—06:00　　DLY

P 滑行道与 C6 滑行道之间的 B 滑行道因施工关闭,关闭区域设关闭标志和警示灯。

天津/滨海 202001180300-202001190800

本场不接受备降,因机位紧张,除紧急情况外。

石家庄/正定 202001130200-202001200600　　0200-0600　　DLY

B7 滑行道与 B8 滑行道之间的 A 滑行道关闭,因施工。

济南/遥墙 202001190100-202001190600

RWY01/19 跑道关闭,因施工。

济南/遥墙 202001170500-202001211200

RWY19 MM 仅供测试,不可使用,因校飞。

济南/遥墙 202001170500-202001211200

RWY19 OM 仅供测试,不可使用,因校飞。

济南/遥墙 202001170500-202001211200

RWY19 DME ′IGO′ CH42X 仅供测试,不可使用。

呼伦贝尔/海拉尔 202001190800-202001191857(大约)

RWY27 LLZ(航向信标台)不工作,因校飞。

ZBUL(乌兰浩特)没有选定时段内开始生效的通告!

齐齐哈尔/三家子 202001182359-202001191200

RWY17/35 跑道关闭,因道面积冰。

（3）航图信息

> 轻轻刮开贴在封底的刮刮卡,扫描露出的二维码即可在线查看航图信息。

3.问题

（1）该航班能否放行？机组搭配是否合理？应使用哪条进近程序？天气标准是多少？

（2）是否需要选择起飞备降场？选择的依据是什么？

（3）目的地机场的备降场是哪个？选择的依据是什么？航班放行有哪些方面需要注意？

（4）如果航班可以放行,请填写签派放行单和 FPL。

4.1.3　实验 4.3

1.航班基本信息模拟

航班基本信息见表 4-3。

表 4-3　航班基本信息

航班信息	航班号:CA1322
	机型:B738
	航线:西安—天津
	班表时间:6 月 1 日 ETD1700—ETA1840(北京时)
机组信息	机长:2 名(新机长为责任机长)
飞机故障信息	飞机适航
备注信息	机组飞行计划:TSN0800—XIY0930 XIY1030—KWL1230 KWL1400—TYN1640 (航班因西安短时雷雨备降太原,落地后加油飞回西安) TYN1720—XIY1830 XIY1920—TSN2100 注:每段滑行时间(包括滑入滑出)按 20min 计算

2. 放行资料

（1）气象报文

METAR ZLXY 180800Z 04003MPS 2500-TSRA 24/14 Q1004 NOSIG BECMG TL0900-RA＝

METAR ZLXY 180700Z 07005MPS 030V120 2000 TSRA 27/13 Q1004 NOSIG＝

TAF ZLXY 180715Z 180817 06003MPS 3000-SHRA NSC TX21/12Z TN13/21Z TEMPO 0810-TSRA＝

METAR ZBYN 180800Z 26001MPS CAVOK 27/02 Q1006 NOSIG＝

METAR ZBYN 180700Z 23002MPS CAVOK 29/M01 Q1006 NOSIG＝

TAF ZBYN 180711Z 180817 09003MPS 6000 NSC TX27/12Z TN09/21Z＝

METAR ZLIC 180800Z 14006MPS 110V170 CAVOK 31/M05 Q1001 NOSIG＝

METAR ZLIC 180700Z 02005MPS CAVOK 31/M01 Q1002 NOSIG＝

TAF ZLIC 180710Z 180918 15006MPS 8000 NSC TX26/12Z TN14/21Z＝

METAR ZBTJ 180800Z 20006MPS 180V240 8000 NSC 28/11 Q1005 NOSIG＝

METAR ZBTJ 180700Z 20006MPS 160V220 8000 NSC 28/11 Q1005 NOSIG＝

TAF ZBTJ 180720Z 180918 21004MPS 5000 HZ NSC TX23/12Z TN14/21Z＝

METAR ZBSJ 180800Z 16003MPS 7000 NSC 25/17 Q1004 NOSIG＝

METAR ZBSJ 180700Z 16005MPS 7000 NSC 26/17 Q1004 NOSIG＝

TAF ZBSJ 180703Z 180918 16004MPS 4000 BR NSC TX23/12Z TN12/21Z＝

METAR ZSJN 180800Z 23006MPS CAVOK 28/08 Q1007 NOSIG＝

METAR ZSJN 180700Z 23007MPS CAVOK 29/09 Q1007 NOSIG＝

TAF ZSJN 180712Z 180918 22003MPS 3500 BR NSC TX22/12Z TN16/21Z＝

METAR ZSQD 180800Z 17007MPS 2500 16/07 Q1012 NOSIG＝

METAR ZSQD 180700Z 17007MPS 2700 18/07 Q1012 NOSIG＝

TAF ZSQD 180709Z 180918 18006MPS 2500 TX14/12Z TN11/21Z＝

METAR ZSYT 180800Z 21008MPS CAVOK 21/05 Q1009 NOSIG＝

METAR ZSYT 180700Z 20010MPS CAVOK 23/05 Q1009 NOSIG＝

TAF ZSYT 180701Z 180918 20009MPS 6000 SCT023 TX18/12Z TN12/21Z＝

（2）航行通告

西安/咸阳 202002071535-202008062359

T1 滑行道关闭，因维护。

西安/咸阳 202001292200-202005282359（大约）

RWY23R 中指点标不工作。

西安/咸阳 202001292200-202005282359（大约）

RWY05L 中指点标不工作。

太原/武宿 202002010000-永久

太原塔台增设放行许可发布席,中文呼号:太原放行,英文呼号:TAIYUAN DELIV-ERY,频率:121.925MHz,工作时间:08:30—22:00。

太原/武宿 202012070000-永久

参阅 AIP,太原/武宿机场 ZBYN-5A/5B(2020-11-1 EFF2020-12-7)RNAV ILS/DME Z RWY13,ILS/DME Y RWY13 着陆标准中 RVR/VIS 改为:A 类　B/C 类　D 类 800/800　800/800　800/900 其余不变。

ZLIC(银川)没有选定时段内开始生效的通告!

天津/滨海 202001180000-永久

因本场空域限制,参照国内航空资料汇编航图手册 ZBTJ-5J/5K,34R 复飞程序修改为:直线爬升至 120 米,右转飞向 TJK,飞至 D3.0TJK,高度 600 米/2000 英尺或以下,加入等待,联系 ATC。

天津/滨海 202001190001-202001190600 00:01—06:00　DLY

P 滑行道与 C6 滑行道之间的 B 滑行道因施工关闭,关闭区域设关闭标志和警示灯。

天津/滨海 202001180300-202001190800

本场不接受备降,因机位紧张,除紧急情况外。

石家庄/正定 202004090900-202004252000

石家庄正定机场飞行校验计划:4 月 9 日—4 月 25 日校验正定 VOR/DME 4 月 9 日—4 月 25 日校验行唐 NDB。导航台不提供使用及恢复正常工作以后续航行通告为准。

石家庄/正定 202003311700-202006302359

本场每日航班结束后,如有备降需提前 20 分钟通知,因飞行区维护作业。

济南/遥墙 202004190500-2020042312000

RWY01 MM 仅供测试,不可使用。

济南/遥墙 202004190500-202004231200

RWY01 ILS 仅供测试,不可使用。

济南/遥墙 202004190415-202004210600

0415-0600 DLY

RWY01/19 跑道关闭,因施工。

青岛/流亭 202004180800-202004192359

RWY17 LLZ(航向信标台)不工作,因校飞。

青岛/流亭 202004190930-202004191130

RWY35 RVR 设备 C 不工作,因为设备维护。

烟台/蓬莱 202010010700-202005312359

B3 滑行道中线灯不工作,因停机坪扩建施工。

烟台/蓬莱 202010010700-202005312359

本场不接受备降,因机场扩建施工,除紧急情况外。

上海情报区 烟台/蓬莱 202009140000-202006302359(大约)

黄城 VOR/DME ‘HCH’ 116.1MHz/CH108X 不工作,因台站更新改造。

(3) 航图信息

> 轻轻刮开贴在封底的刮刮卡,扫描露出的二维码即可在线查看航图信息。

3. 问题

(1) 该航班能否放行? 原因是什么?

(2) 如果西安为航空公司基地,签派员可以如何操作?

(3) 航班备降取消后,签派员需要做什么?

(4) 如果航班可以放行,请填写签派放行单和 FPL。

4.2　飞机的评估

4.2.1　实验 4.4

1. 航班基本信息模拟

航班基本信息见表 4-4。

表 4-4　航班基本信息

航班信息	航班号:CA1514			
	机型:B738			
	航线:昆明—北京			
	班表时间:3 月 15 日,ETD1530—ETA1900(北京时间)			
机组信息	机长:2　　副驾驶:1			
飞机故障信息	飞机左组件故障(MEL 21-51-01A)			
备注信息	计算机计划油量等数据:			
	MTOW 075976	MLDW 066360	MZFW 062731	OEW 043560
	最大起飞重	最大着陆重	最大无油重	干使用重
	BRWT 70174	LDGWT 61257	ZFWT 56500	PLD 12940
	实际起飞重	实际着陆重	实际无油重	实际业载

2. 放行资料

1)气象报文

METAR ZPPP 090600Z 24010MPS 0400 26/05 Q1015 NOSIG

ZPPP 090402Z 090615 23012G17MPS 0200 FEW026 TX27/08Z TN18/15Z BECMG 1213 23007MPS

ZPPP 090106Z 090606 23012G17MPS 0200 FEW026 TX26/08Z TN13/23Z BECMG 1213 23007MPS

METAR ZBAA 090600Z 21004G09MPS 120V280 CAVOK 19/M04 Q1020 NOSIG

ZBAA 090420Z 090615 18004MPS 6000 NSC TX19/07Z TN11/15Z

ZBAA 090320Z 090606 18004MPS 6000 NSC TX19/07Z TN08/21Z

METAR ZSJN 090600Z 09003MPS 030V150 CAVOK 14/M03 Q1020 NOSIG

ZSJN 090413Z 090615 07004G10MPS 0750 BR NSC TX14/06Z TN07/15Z

ZSJN 090306Z 090606 07003MPS 0750 BR NSC TX17/06Z TN03/21Z

METAR ZBSJ 090600Z 18004MPS CAVOK 15/M03 Q1021 NOSIG

ZBSJ 090410Z 090615 20004MPS CAVOK TX17/06Z TN12/15Z

ZBSJ 090109Z 090606 18004MPS 4000 HZ NSC TX18/07Z TN10/21Z BECMG
1415 2000 BR

METAR ZBTJ 090600Z 17005MPS CAVOK 15/M08 Q1021 NOSIG

ZBTJ 090410Z 090615 16004MPS 5000 HZ NSC TX20/07Z TN12/15Z

ZBTJ 090310Z 090606 15004MPS 5000 HZ NSC TX20/07Z TN07/22Z

METAR ZBHH 090600Z 25003MPS 220V280 9999 BKN040 09/M04 Q1018 NOS-
IG

ZBHH 090400Z 090615 23004MPS 9999 SCT040 TX15/07Z TN07/15Z

ZBHH 090305Z 090606 21004MPS 9999 FEW040 TX13/07Z TN01/23Z

METAR ZBYN 090600Z 09004MPS 9999-RA SCT026 05/03 Q1022 NOSIG

ZBYN 090417Z 090615 09004G10MPS 3000-RA BR SCT020 TX07/07Z TN04/15Z

ZBYN 090308Z 090606 09004G10MPS 3000-RA BR SCT030 TX08/07Z TN03/22Z

(2) 航行通告

① 北京首都机场

(020001APR17 — 292359APR17)

RWY18L/36R 关闭。

(020001APR17 — 292359APR17)

RWY18L ILS 不工作。

(020001APR17 — 292359APR17)

RWY36R ILS 不工作。

(020001APR17 — 292359APR17)

本场不接受非紧急情况下的备降航班,因 18L/36R 跑道大修。

(091201APR17 — 161200APR17)

2020 年 04 月 02 日 00:01—2020 年 04 月 22 日 12:00

ZBAA 全天关闭 A8 和 A9 滑行道,航空器可由 A0 和 A1 滑行道穿越 18L/36R 跑道。

2020 年 04 月 02 日 00:01—2020 年 04 月 29 日 23:59,

全天关闭 A0 以南的 F 滑行道。

2020 年 04 月 09 日 12:01—2020 年 04 月 16 日 12:00,

全天关闭 Y3 与 E7 之间的 G 滑行道。

以上信息为机场和管制部门的计划方案,实际运行中请机组严格听从 ATC 指挥。
(020001APR17 — 292359APR17)

因 18L/36R 跑道大修工程,首都机场运行提示如下:

a. 航空器地面运行时间增加。

航空器地面跨区滑行距离增加。流量集中区域对周边停机位的使用产生影响,入位和离位的航空器等待时间增加。A380 机型在西区的可用滑行道单一,且相对运行冲突明显,相关活动需要增加等待避让的时间。两条跑道运行,采用起飞和降落混合模式,出港航空器跑道外等待时间增加。

b. 航空器驾驶员应注意按照 AIP 中 ZBAA AD2.20/2.1.11.1,2.1.11.2 的占用跑道时间以及相关要求进行控制和操作。

c. 由于 01/19 跑道的夜间使用限制,航空公司注意对夜间可用跑道资源与航空器机型,全重进行匹配。

d. 航空器地面滑行路线受到施工影响变得复杂,机组在地面运行时注意收听管制频率,正确接受、复诵和执行管制指令。在滑行过程中加强目视观察,及时向管制员核实有关信息。

② 济南机场

(090210APR17 — 110650APR17) D)0210-0630 09

0340-0600 10 AND 0340-0650 11

RWY01/19 关闭,因施工。

(231029JAN17 — 240400APR17)

因新增障碍物,临时调整济南机场 RWY01 RNAV ILS/DME 和 RWY01 ILS/DME 进近程序运行最低标准如下:

a. 01 号跑道 RNAV ILS/DME 进近:A/B/C/D 类飞机 DA(H) 88(65)米,290(220) 英尺,RVR/VIS 650/800 米。

b. 01 号跑道 ILS/DME 进近:A/B/C/D 类飞机 DA(H) 88(65)米,290(220) 英尺,RVR/VIS 650/800 米。

③ 呼和浩特机场 (030200MAR17 — 300600APR17) D)2000-0000 DLY

本场不接受非紧急情况下的备降,因跑道、滑行道测量作业,联系电话:0000-85498283。

④ 石家庄机场 (081000APR17 — 072359JUL17)

本场每日航班结束后,如有备降需提前 20 分钟通知,因飞行区维护作业。

⑤ 天津机场 (030200MAR17 — 300600APR17) D)1400-0000 DLY

通行能力下降 70%,因其他用户占用空域。

(3)航图信息

轻轻刮开贴在封底的刮刮卡,扫描露出的二维码即可在线查看航图信息。

3. 问题

(1) 该航班是否可以放行？

(2) MEL限制内容是什么？航班飞行高度多少？

(3) 请结合昆明机场起飞分析，回答该航班是否有载量限制，该如何处理。

(4) 目的地机场可选的备降场是哪一个？请按优先顺序排，并说明原因。

(5) 如果航班可以放行，请填写签派放行单和FPL。

4.2.2　实验4.5

1. 航班基本信息模拟

航班基本信息见表4-5。

表 4-5　航班基本信息

航班信息	航班号:CA4411
	机型:B738
	航线:西安—呼和浩特
	班表时间:4月19日 ETD2130—ETA2300(北京时)
机组信息	机长:1名(外籍机长)　　　副驾驶:2名
飞机故障信息	APU引气系统故障(MEL 49-52-01)
备注信息	电源车、气源车若无通告，则默认为良好可用。 738顺风起降标准:5m/s

2. 放行资料

(1) 气象报文

METAR ZLXY 191300Z 12004MPS 080V150 CAVOK 27/05 Q1000 NOSIG＝

METAR ZLXY 191200Z 13005MPS CAVOK 28/04 Q0999 BECMG TL1340 07004MPS＝

TAF ZLXY 191312Z 191524 09004G09MPS 3000 HZ NSC TX23/15Z TN17/22Z＝

METAR ZBHH 191300Z 15005MPS CAVOK 23/06 Q1004 NOSIG＝

METAR ZBHH 191200Z 17005MPS CAVOK 24/04 Q1003 NOSIG＝

TAF ZBHH 191307Z 191524 23004MPS 9999 FEW040 TX18/15Z TN13/21Z＝

METAR ZBYN 191300Z 09007MPS 3000 HZ NSC 21/13 Q1008 BECMG TL1430 2500 HZ＝

METAR ZBYN 191230Z 08008MPS 3000 HZ NSC 21/13 Q1007 NOSIG＝

TAF ZBYN 191307Z 191524 09006G12MPS 3000 HZ NSC TX19/15Z TN11/21Z＝

METAR ZBOW 191300Z 12007MPS 3000 HZ 23/03 Q1001 NOSIG＝

METAR ZBOW 191200Z 15006MPS 2500 HZ 24/05 Q1000 NOSIG＝

TAF ZBOW 191302Z 191524 12007MPS 3000 TX20/15Z TN16/21Z＝

METAR ZBDS 191300Z 19007MPS CAVOK 22/M06 Q1004 NOSIG=

METAR ZBDS 191200Z 19007MPS CAVOK 23/M02 Q1004 NOSIG=

TAF ZBDS 191311Z 191524 20007MPS CAVOK TX20/15Z TN14/21Z=

METAR ZBSJ 191300Z 08001MPS 7000 NSC 21/16 Q1008 NOSIG=

METAR ZBSJ 191200Z 06001MPS 7000 NSC 22/17 Q1008 NOSIG=

TAF ZBSJ 191313Z 191524 14004MPS 5000 HZ NSC TX19/15Z TN12/21Z=

（2）航行通告

西安/咸阳 202002071535-202008062359 替代 C1762/17

T1 滑行道关闭，因维护。

西安/咸阳 202001292200-202005282359（大约）

RWY23R 中指点标不工作。

西安/咸阳 202001292200-202005282359（大约）

RWY05L 中指点标不工作。

ZBHH（呼和浩特）没有选定时段内开始生效的通告！

太原/武宿 202004090300-202005080630 0300-0630 DLY

本场不接收航班备降，因跑道道面修补。

太原/武宿 202002010000-永久

ATIS 工作时间调整为：H24。

太原/武宿 202002010000-永久

塔台地面席 GND 工作时间调整为：06：30—23：59。

太原/武宿 202012070000-永久

参阅 AIP 航图手册太原/武宿机场 ZBYN-7B(2020-11-1)，NDB/DME RWY31 程序撤除。

包头 202003091001-202005092359

本场临时对外开放。

包头 202003021101-202006042359 替代 C3384/17

本场 01 号，02 号停机位关闭，因施工。

包头 202003021101-202006042359

RWY13 LLZ 不提供使用，因故障。

鄂尔多斯/伊金霍洛 202001201210-202004192359

本场 NDB 'G' 338kHz 不提供使用，因台站不能供电。

鄂尔多斯/伊金霍洛 202001011210-202009192359

本场临时对外开放。

石家庄/正定 202003311700-202006302359

本场每日航班结束后，如有备降需提前 20 分钟通知，因飞行区维护作业。

石家庄/正定 202003311700-202006302359

本场电、气源车故障,不提供使用。

(3)航图信息

> 轻轻刮开贴在封底的刮刮卡,扫描露出的二维码即可在线查看航图信息。

3. 问题

(1)航班是否可以放行? 签派员该做什么?

(2)备降场选择哪一个? 原因是什么?

(3)如果航班可以放行,请填写签派放行单和 FPL。

4.2.3 实验 4.6

1. 航班基本信息模拟

航班基本信息见表 4-6。

表 4-6 航班基本信息

航班信息	航班号:HD7890
	机型:B738
	航线:昆明—西安
	班表时间:3 月 15 日 ETD1430—ETA1640(北京时)
机组信息	机长:1 名 副驾驶:2 名
飞机故障信息	空中交通防撞系统(TCAS)故障(MEL 34-45-01)、频闪灯故障(MEL 33-44-02B)
备注信息	西安区域军事活动

2. 放行资料

(1)气象报文

METAR ZPPP 150500Z 23007MPS 9999 FEW023 15/09 Q1016 NOSIG=

METAR ZPPP 150400Z 22009MPS 9999 FEW023 SCT036 16/09 Q1015 NOSIG=

TAF ZPPP 150408Z 150615 22006MPS 9999 SCT026 TX14/15Z TN09/23Z=

METAR ZLXY 150500Z 12006MPS 080V140 CAVOK 27/10 Q1001 NOSIG=

METAR ZLXY 150400Z 12004MPS 080V150 CAVOK 27/05 Q1000 NOSIG=

TAF ZLXY 150408Z 150615 09004G09MPS 3000 HZ NSC TX23/15Z TN17/22Z=

METAR ZBYN 150500Z 10003MPS 2800 HZ NSC 19/12 Q1009 NOSIG=

METAR ZBYN 150400Z 09006MPS 2500 HZ NSC 20/13 Q1009 BECMG TL1430 2500 HZ=

TAF ZBYN 150408Z 150615 09006G12MPS 2500 HZ NSC TX19/15Z TN11/21Z=

METAR ZHCC 150500Z 12003MPS 100V160 CAVOK 22/13 Q1010 NOSIG=

METAR ZHCC 150400Z 13003MPS 100V180 CAVOK 23/12 Q1009 NOSIG=

TAF ZHCC 150408Z 150615 15004MPS 7000 NSC TX22/15Z TN16/22Z=

METAR ZLIC 150500Z 23004MPS 7000-TSRA SCT050CB SCT050 17/13 Q1002 NOSIG=

METAR ZLIC 150400Z 25006MPS 9999-TSRA SCT050CB SCT050 21/12 Q1000 NOSIG=

TAF ZLIC 150408Z 150615 22004MPS 7000-TSRA SCT040 TX18/15Z TN14/22Z=

METAR ZLLL 150500Z 33005MPS 6000 SCT033CB BKN040 11/05 Q1011 NOSIG=

METAR ZLLL 150400Z 03005MPS 6000 SCT033CB BKN040 11/05 Q1011 BEC-MG TL0440 33005MPS NSW=

TAF ZLLL 150408Z 150615 01003MPS 6000 SCT040 TX09/15Z TN06/23Z=

（2）航行通告

西安/咸阳 202002071535-202008062359

T1 滑行道关闭,因维护。

西安/咸阳 202001292200-202005282359（大约）

中指点标不工作。

西安/咸阳 202001292200-202005282359（大约）

RWY05L 中指点标不工作。

西安/咸阳 202003151400-202003151800（大约）

本场不接收航班备降,因机位紧张。

太原/武宿 202002010000-永久

太原塔台增设放行许可发布席,中文呼号:太原放行,英文呼号:TAIYUAN DELIV-ERY,频率:121.925MHz,工作时间:08:30—22:00。

太原/武宿 202012070000-永久

参阅 NAIP,太原/武宿机场 ZBYN-5A/5B(2020-11-1 EFF2020-12-7) RNAV ILS/DME Z RWY13,ILS/DME Y RWY13 着陆标准中 RVR/VIS 改为:A 类　　B/C 类　D 类 800/800　800/800　　800/900 其余不变。

郑州/新郑 202003110230-202006250530　02:30—05:30(EVERY SUN AND MON)

因维护,关闭下列滑行道。

① H,H1,H2,H4,H6,H8,H11,G4,G5,R3,R4 滑。

② S1 滑与 H 滑之间的 S 滑行道。

③ S1 滑与 H 滑之间的 U 滑行道。

郑州/新郑 202003110230-202006250530　02:30—05:30(EVERY SUN AND MON)

RWY12R/30L 关闭,因维护。维护期间进行助航灯光调试,机组注意避免落错跑道。

郑州/新郑 202002271042-202005312359 替代 C4701/17

临汝 VOR/DME LRU 116.4MHz/CH111X 不提供使用,因维护。

ZLIC(银川)没有选定时段内开始生效的通告!

兰州/中川 202004120200-202007110630   0150-0630 DLY

机场关闭,因施工。

兰州/中川 202003010000-202005312359(大约)

因停机位紧张,机场不接受通用航空飞行,紧急情况除外。

兰州/中川 202002010800-永久 数字化放行系统(DCL)正式运行。

(3)航图信息

> 轻轻刮开贴在封底的刮刮卡,扫描露出的二维码即可在线查看航图信息。

3. 问题

(1)MEL限制内容是什么?航班可否放行?备降场选择哪一个?

(2)该航班签派员应该重点关注哪些方面?

(3)若太原本场无盲降,是否可以选为备降场?

(4)如果航班可以放行,请填写签派放行单和FPL。

4.3   天气评估

4.3.1   实验4.7

1. 航班基本信息模拟

航班基本信息表见表4-7。

表 4-7   航班基本信息

航班信息	航班号:CZ2324
	机型:A320
	航线:西安—乌鲁木齐
	班表时间:1月20日 ETD2130—ETA0100+(北京时间)
机组信息	机长:1名(外籍) 副驾驶:2名
飞机故障信息	适航
备注信息	机组资质:机长-RVSM、RNP APCH、RNAV、CAT II、RVR550、一般高原机场资格、ADSB、A类教员,副驾-RVSM、RNP APCH、RNAV、CAT II、一般高原机场资格、ADSB省会机场均对外开放,该飞机供氧能力为22分钟

2. 放行资料

(1)气象报文

METAR ZLXY 202000Z 04001MPS 010V070 500 FG 2/2 Q1005 NOSIG=

METAR ZLXY 201200Z 05002MPS 010V080 500 FG 2/1 Q1005 NOSIG=

TAF ZLXY 202013Z 202000 06003MPS 600 FG BKN060 TX1/15Z TNM5/19Z NSW=

METAR ZLIC 202000Z 28003MPS 250V310 9999 SCT050 1/0 Q1006 NOSIG=

METAR ZLIC 201200Z 20005MPS 9999 SCT050 1/0 Q1005 NOSIG=

TAF ZLIC 202005Z 202000 23004MPS 8000 SCT040 TX1/15Z TNM5/19Z=

METAR ZLLL 202000Z 22004MPS CAVOK 3/0 Q1013 NOSIG=

METAR ZLLL 201200Z 26002MPS 230V300 CAVOK 2/0 Q1013 NOSIG=

TAF ZLLL 202013Z 202000 19003MPS 9999 SCT023 TX1/15Z TNM5/19Z TEMPO 1517-RA SCT033CB SCT040=

METAR ZBYN 202000Z 16005MPS 130V190 CAVOK 2/0 Q1009 NOSIG=

METAR ZBYN 201200Z 16005MPS 120V200 CAVOK 2/0 Q1010 NOSIG=

TAF ZBYN 202013Z 202000 13004MPS 6000 NSC TX1/15Z TNM5/19Z NSW=

METAR ZBHH 202000Z 21003MPS 180V260 9000 BKN040 1/0 Q1007 NOSIG=

METAR ZBHH 201200Z 16003MPS 130V190 6000 SCT040 2/0 Q1007 NOSIG=

TAF COR ZBHH 202013Z 202000 17004MPS 4000 HZ FEW040 TX1/15Z TNM5/19Z BECMG 1618-RA SCT033CB SCT033=

METAR ZBDS 202000Z 22006MPS 190V260 CAVOK 1/0 Q1008 NOSIG=

METAR ZBDS 201200Z 20008MPS CAVOK 1/0 Q1007 NOSIG=

TAF ZBDS 202013Z 202000 21007MPS 9999 FEW040 TX1/15Z TNM5/19Z =

METAR ZLJC 202000Z 33003MPS 290V010 CAVOK 2/M05 Q1011 NOSIG=

METAR ZLJC 201200Z 01004MPS 9000 NSC 1/M04 Q1011 NOSIG=

TAF ZLJC 202013Z 202000 34004MPS CAVOK TXM6/15Z TNM11/20Z =

METAR ZLDH 202000Z 26008MPS CAVOK 3/M02 Q1012 NOSIG=

METAR ZLDH 201200Z 26008MPS CAVOK 2/M03 Q1011 NOSIG=

TAF ZLDH 202013Z 202000 26004MPS 6000 NSC TXM6/15Z TNM11/20Z =

METAR ZLJQ 202000Z 33006MPS CAVOK 1/M05 Q1014 NOSIG=

METAR ZLJQ 201200Z 32006MPS CAVOK 0/M05 Q1013 NOSIG=

TAF ZLJQ 202013Z 202000 33004MPS CAVOK TXM6/15Z TNM11/20Z =

METAR ZWHM 202000Z 02004MPS 340V070 CAVOK 5/M06 Q1013 NOSIG=

METAR ZWHM 201200Z VRB03MPS CAVOK 4/M04 Q1013 NOSIG=

TAF ZWHM 202013Z 202000 04004MPS 6000 FEW040 TXM6/15Z TNM11/20Z =

乌鲁木齐夜间冻雾天气能见度在 600～800 米波动, RVR 整体维持在 400 米以上,预计明早 1000 之后满足一类落地标准。(乌鲁木齐气象中心)

METAR ZWWW 202000Z VRB01MPS 1000 FG M2/02 Q1023 NOSIG=

METAR ZWWW 201200Z VRB02MPS 1200 FG M1/02 Q1023 NOSIG=

TAF ZWWW 202013Z 202000 36004MPS 1000 FZFG TXM6/15Z TNM11/20Z BECMG 1516 600 FZFG＝

METAR ZWSH 202000Z 06004MPS 030V090 3200 DU BKN040 M2/M01 Q1012 NOSIG＝

METAR ZWSH 201200Z VRB02MPS 2800 DU BKN040 M2/M02 Q1011 NOSIG＝

TAF ZWSH 202013Z 202000 06004MPS 2500 DU SCT040 TXM6/15Z TNM11/20Z＝

METAR ZWTL 202000Z 06004MPS 9000 NSC M2/M02 Q1014 NOSIG＝

METAR ZWTL 201200Z 06003MPS 9000 NSC M2/M02 Q1013 NOSIG＝

TAF ZWTL 202013Z 202000 05004MPS CAVOK TXM6/15Z TNM11/20Z＝

METAR ZWTN 202000Z 31002MPS 280V350 6000 NSC 13/04 Q1011 NOSIG＝

METAR ZWTN 201200Z VRB01MPS 6000 NSC 13/03 Q1011 NOSIG＝

TAF ZWTN 202013Z 202000 35004MPS 5000 DU FEW046 TXM6/15Z TNM11/20Z＝

METAR ZWKM 202000Z VRB01MPS 9999 FEW033 12/05 Q1022 NOSIG＝

METAR ZWKM 201200Z VRB01MPS 9999 FEW033 11/04 Q1021 NOSIG＝

TAF ZWKM 202013Z 202000 30004G09MPS 9999 FEW040 TXM6/15Z TNM11/20Z＝

（2）航行通告

西安/咸阳 202001122200-202005282359（大约）

RWY23R 中指点标不工作。

西安/咸阳 202001122200-202005282359（大约）

RWY05L 中指点标不工作。

太原/武宿 202001010000-永久

因停机位紧张,机场不接受备降,紧急情况除外。

太原/武宿 202012070000-永久

参阅 NAIP,太原/武宿机场 ZBYN-5A/5B（2020-11-1 EFF2020-12-7）RNAV ILS/DME Z RWY13,ILS/DME Y RWY13 着陆标准中 RVR/VIS 改为:A 类　B/C 类　D 类 800/800 800/800 800/900 其余不变。

ZLIC（银川）没有选定时段内开始生效的通告!

兰州/中川 202001120250-202007110630 0250-0630 DLY

机场关闭,因施工。

兰州/中川 202001010800-永久

数字化放行系统（DCL）正式运行。

呼和浩特/白塔 202001121000-202012312359

本场使用土木尔台 12D（TMR12D）程序离场的航空器,未经 ATC 许可,必须过

HET 台后才可以加入离场航线。

呼和浩特/白塔 202012290940-202006301200

本场 NDB ′FX′ 372kHz 不提供使用。

呼和浩特/白塔 202012142300-202006102359

RWY08 LOC 限制性使用：航向信标前航道左侧（＋）10 以外不可用。

鄂尔多斯/伊金霍洛 202001011210-202009192359

本场临时对外开放。

ZLJC(金昌) 没有选定时段内开始生效的通告！

ZLDH(敦煌) 没有选定时段内开始生效的通告！

ZLJQ(嘉峪关) 没有选定时段内开始生效的通告！

哈密 202001231759-202004231800（大约）替代 C4084/17

储油罐库容由 300 立方米变为 600 立方米。

乌鲁木齐/地窝堡 202001060200-202001010650 0200-0650 EVERY TUE

A 滑行道和 B 滑行道关闭因日常维护。

乌鲁木齐/地窝堡 202001031655-永久

参阅 NAIP 乌鲁木齐/ 地窝堡 ZWWW-5B(2020-10-15)，将 APP02 频率改为 126.05（119.9）。其余不变。

乌鲁木齐/地窝堡 202012142030-202004301000（大约）

114 号停机位禁止航空器停放，仅供航空器滑行使用。

乌鲁木齐/地窝堡 202011060200-永久

乌鲁木齐Ⅱ类低能见度运行正式启动实施。请航空公司在领航计划报中备注好机组资质。

喀什 202003311010-202004301900（大约）替代 C1279/18

喀什机场飞行区内现设临时 障碍物（拦阻网），距 08 号跑 道中心磁方位 263°，距离 1750M，海拔高度 1383.36M。

喀什 202001030000-202004302359（大约）替代 C1279/17

喀什机场临时对外开放。

ZWTL(吐鲁番) 没有选定时段内开始生效的通告：

和田 202001111712-202004302359（大约）替代 C0746/18

RWY11 风向风速仪不提供使用，因设备原因。

和田 202001111711-202004302359（大约）替代 C0745/18

RWY29 云高仪不提供使用，因设备原因。

和田 202001111709-202004302359（大约）替代 C0744/18

RWY11/29 RVR 设备 A、B、C 不提供服务，因技术原因。

ZWKM(克拉玛依) 没有选定时段内开始生效的通告：

（3）航图信息

轻轻刮开贴在封底的刮刮卡，扫描露出的二维码即可在线查看航图信息。

---

3. 问题

（1）该航班能否放行？理由是什么？

（2）请为该航班选取所需备降场，并简述你的理由。

（3）该航班放行时需要注意哪些方面？

（4）如果航班可以放行，请填写签派放行单和 FPL。

4.3.2 实验 4.8

1. 航班基本信息模拟

航班基本信息见表 4-8。

表 4-8　航班基本信息

航班信息	航班号：CZ2732
	机型：B738
	航线：北京—大连
	班表时间：4 月 20 日 ETD1330—ETA1430（北京时间）
机组信息	机长：2 名　　副驾驶：1 名
飞机故障信息	中央油箱燃油量指示系统故障（MEL 28-41-01-02A）
备注信息	B738 顺风起降限制：5m/s

2. 放行资料

（1）气象报文

METAR ZBAA 200530Z 16004MPS 090V230 5000 HZ NSC 28/13 Q1008 NOSIG＝

METAR ZBAA 200500Z 16003MPS 090V240 4500 HZ NSC 26/12 Q1009 NOSIG＝

TAF ZBAA 200430Z 200615 16004MPS 5000 HZ NSC TX26/07Z TN21/15Z＝

TAF ZBAA 200330Z 200606 16004MPS 5000 HZ NSC TX26/07Z TN13/22Z BEC-MG 2223 2700-SHRA＝

METAR ZBSJ 200500Z 16006MPS 7000 NSC 27/16 Q1007 NOSIG＝

METAR ZBSJ 200400Z 12004MPS 090V150 6000 NSC 25/16 Q1009 NOSIG＝

TAF ZBSJ 200409Z 200615 16004MPS 4000 BR NSC TX27/07Z TN18/15Z＝

TAF ZBSJ 200110Z 200606 16004MPS 4000 BR NSC TX27/07Z TN15/21Z BEC-MG 1617 2500-RA＝

METAR ZYTL 200530Z 10007MPS 1000-RA BR BKN003 13/06 Q1015 NOSIG＝

METAR ZYTL 200500Z 10008MPS 1000-RA BR BKN003 OVC010 12/06 Q1015 NOSIG＝

TAF ZYTL 200411Z 200615 11007G12MPS 1000 BR STC003 OVC010 TX16/06Z

TN09/15Z BECMG 0708 2500 FEW005 OVC010 ＝

　　METAR ZSQD 200500Z 17006MPS CAVOK 20/08 Q1015 NOSIG＝

　　METAR ZSQD 200400Z 20005MPS CAVOK 20/08 Q1016 NOSIG＝

　　TAF ZSQD 200414Z 200615 18006MPS CAVOK TX23/06Z TN12/15Z＝

　　TAF ZSQD 200314Z 200606 18007MPS CAVOK TX23/07Z TN10/21Z＝

　　METAR ZSYT 200500Z 22008MPS CAVOK 28/06 Q1013 NOSIG＝

　　METAR ZSYT 200400Z 22008MPS 180V240 CAVOK 27/07 Q1014 NOSIG＝

　　TAF ZSYT 200400Z 200615 21007G12MPS 6000 SCT023 TX28/06Z TN21/15Z＝

　　TAF ZSYT 200300Z 200606 21007G12MPS 6000 SCT023 TX28/06Z TN14/21Z＝

　　METAR ZBTJ 200530Z 19005MPS 140V240 CAVOK 31/09 Q1008 NOSIG＝

　　METAR ZBTJ 200500Z 18005MPS 150V220 CAVOK 31/09 Q1009 NOSIG＝

　　TAF ZBTJ 200409Z 200615 18004MPS 3000 HZ NSC TX31/07Z TN22/15Z＝

　　TAF ZBTJ 200302Z 200606 18005MPS 5000 HZ NSC TX29/07Z TN16/22Z BEC-

MG 2223 3000-RA BR＝

　　（2）航行通告

　　北京/首都 202004170900-202004221500

　　关闭 J5 滑行道与 T6 滑行道之间的 H 滑行道。

　　北京/首都 202004171400-202004211500

　　关闭 Z6 滑行道与 S4 滑行道之间的 D4 滑行道。

　　北京/首都 202004210130-202004220630 0130-0630 DLY

　　关闭 T4 滑行道与 K4 滑行道之间的 J 滑行道。

　　北京/首都 202004180230-202004220600 0230-0600 DLY

　　关闭 F2 滑行道以南的 F 滑行道。

　　北京/首都 202004180230-202004220600 0230-0600 DLY

　　RWY18L/36R 关闭。期间,航空器可由 A8,A9,A0 和 A1 滑行道穿越跑道。

　　北京/首都 202004091503-永久

　　621 号机位关闭。

　　石家庄/正定 202004210200-202005010600 0200-0600 DLY

　　B6 滑行道与 B7 滑行道之间的 A 滑行道关闭,因施工。

　　石家庄/正定 202004090900-202004252000

　　石家庄正定机场飞行校验计划:

　　4 月 9 日—4 月 25 日　校验正定 VOR/DME 4 月 9 日—4 月 25 日校验行唐 NDB 导

航台不提供使用及恢复正常工作以后续航行通告为准。

　　石家庄/正定 202003311700-202006302359

　　本场每日航班结束后,如有备降需提前 20 分钟通知,因飞行区维护作业。

　　大连/周水子 202010131525-永久

RWY28 NDB 仪表进近程序停止使用。

大连/周水子 202004210130-202005050630 0130-0630 DLY

RWY10/28 跑道关闭,因施工。

大连/周水子 202003191425-永久 替代 C0404/18

大连塔台增设放行许可发布席,中文呼号:大连放行,英文呼号:DALIAN DELIV-ERY,频率:121.85MHz,工作时间:HO。

青岛/流亭 202004140215-202004300610 0215-0500 14-16 AND 0215-0610 17-30 EXC WED AND FRI

机场关闭,因施工。

青岛/流亭 202004032203-202006082359 替代 C6755/17

薛家岛 VOR/DME 'XDX' 110.4MHz/CH41X 限制性使用,VOR 164 径向线距台 43 海里至 44 海里之间不可用。

烟台/蓬莱 202004210000-202005310700 0000-0700 DLY

机场不接收备降,因跑道除胶。

烟台/蓬莱 202010010700-202005312359

B3 滑行道中线灯不工作,因停机坪扩建施工。

烟台/蓬莱 202010010700-202005312359

因停机坪扩建施工,205、315 停机位关闭。

烟台/蓬莱 202010010700-202005312359

因停机坪扩建施工,B3 滑行道关闭。

上海情报区 烟台/蓬莱 202009140000-202006302359（大约）

黄城 VOR/DME 'HCH' 116.1MHz/CH108X 不工作,因台站更新改造。

ZBTJ(天津)没有选定时段内开始生效的通告!

(3) 航图信息

> 轻轻刮开贴在封底的刮刮卡,扫描露出的二维码即可在线查看航图信息。

3. 问题

(1)该航班能否放行? 你的运行决策是什么?

(2)如果该航班带队机长为新机长,是否可以放行? 原因是什么?

(3)该飞机在安排航班计划、调整航班时需要注意什么?

(4)如果航班可以放行,请填写签派放行单和 FPL。

4.3.3 实验 4.9

1. 航班基本信息模拟

航班基本信息见表 4-9。

表 4-9 航班基本信息

航班信息	航班号:CA1531
	机型:B738
	航线:北京—西安
	班表时间:5 月 20 日 ETD1530—ETA1700(北京时)
机组信息	机长:1 名　　副驾驶:2 名
飞机故障信息	无
备注信息	机组资质:机长—RVSM、RNP APCH、RNAV、CAT II、RVR550、ADSB、单飞机长,副驾—RVSM、RNP APCH、RNAV、CAT II、ADSB

2. 放行资料

（1）气象报文

METAR ZBAA 200730Z 11004MPS 7000 NSC 20/11 Q1007 NOSIG＝

METAR ZBAA 200700Z 11002MPS 7000 NSC 20/11 Q1007 NOSIG＝

TAF ZBAA 200710Z 200918 02004MPS 5000 HZ NSC TX14/03Z TN13/21Z BEC-MG 2122 2800-SHRA TEMPO 2303 SHRA＝

METAR ZBTJ 200730Z 17002MPS CAVOK 21/11 Q1007 NOSIG＝

METAR ZBTJ 200700Z 19003MPS CAVOK 23/11 Q1007 NOSIG＝

TAF ZBTJ 200710Z 200918 17004MPS 5000 HZ NSC TX21/18Z TN14/21Z BEC-MG 2223 3000-RA BR＝

METAR ZBSJ 200700Z 19002MPS CAVOK 23/16 Q1005 NOSIG＝

METAR ZBSJ 200600Z 17003MPS CAVOK 22/16 Q1005 NOSIG＝

TAF ZBSJ 200710Z 200918 18004MPS 4000-RA BKN040 TX20/18Z TN16/03Z＝

受西北方向过来的系统天气影响,西安本场预计 1600 之后开始降水,以小雨为主,17～19 时间段短时中雷雨,对流天气自西向东移动,2000 之后完全移出本场。（西安气象中心 1430 发布）

METAR ZLXY 200700Z 00004G9MPS 5000 BR NSC 15/14 Q1008 NOSIG BECMG TL0800-RA ＝

METAR ZLXY 200600Z 25005MPS 5000 BR NSC 14/14 Q1008 NOSIG＝

TAF ZLXY 200710Z 200918 24005G10MPS 2500-RA BR NSC TX24/03Z TN10/22Z TEMPO 0911 TSRA ＝

METAR ZBYN 200730Z 16002MPS 130V210 5000-SHRA BR SCT040 18/15 Q1009 NOSIG＝

METAR ZBYN 200700Z 13002MPS 090V170 5000 BR NSC 18/15 Q1009 NOSIG＝

TAF ZBYN 200710Z 2009183 09003MPS 5000-RA NSC TX17/03Z TN15/22Z TEMPO 1012 2500-TSRA BR＝

METAR ZHCC 200700Z 10001MPS 6000 NSC 20/19 Q1007 NOSIG=

METAR ZHCC 200600Z VRB01MPS 8000-RA NSC 20/19 Q1007 NOSIG=

TAF ZHCC 200710Z 200918 18003MPS 6000-RA OVC030 TX21/03Z TN17/22Z=

METAR ZLIC 200700Z VRB01MPS 5000-RA 11/07 Q1012 NOSIG=

METAR ZLIC 200600Z VRB01MPS 5000-TSRA 12/07 Q1013 NOSIG=

TAF ZLIC 200710Z 200918 03004MPS 8000-RA TX19/03Z TN09/23Z BECMG 0910 5000 BR=

METAR ZLLL 200700Z VRB01MPS CAVOK 10/07 Q1015 NOSIG=

METAR ZLLL 200600Z 33002MPS 300V070 CAVOK 12/07 Q1015 NOSIG=

TAF ZLLL 200710Z 200918 35003MPS 6000 SCT040 TX15/03Z TN08/23Z=

（2）航行通告

北京/首都 202004170900-202006221500

关闭 J5 滑行道与 T6 滑行道之间的 H 滑行道。

北京/首都 202004171400-202006211500

关闭 Z6 滑行道与 S4 滑行道之间的 D4 滑行道。

北京/首都 202004210130-202006220630 0130-0630 DLY

关闭 T4 滑行道与 K4 滑行道之间的 J 滑行道。

北京/首都 202004180230-202006220600 0230-0600 DLY

关闭 F2 滑行道以南的 F 滑行道。

北京/首都 202004180230-202006220600 0230-0600 DLY

RWY18L/36R 关闭。期间，航空器可由 A8，A9，A0 和 A1 滑行道穿越跑道。

北京/首都 202004091503-永久

621 号机位关闭。

ZBTJ（天津）没有选定时段内开始生效的通告！

石家庄/正定 202005010200-202006010600 0200-0600 DLY

B6 滑行道与 B7 滑行道之间的 A 滑行道关闭，因施工。

石家庄/正定 202005090900-202006252000

石家庄正定机场飞行校验计划：

5 月 9 日—6 月 25 日　校验正定 VOR/DME 5 月 9 日—6 月 25 日校验行唐 NDB 导航台不提供使用及恢复正常工作以后续航行通告为准。

石家庄/正定 202003311700-202006302359

本场每日航班结束后，如有备降需提前 20 分钟通知，因飞行区维护作业。

西安/咸阳 202002071535-202008062359 替代 C1762/17

T1 滑行道关闭，因维护。

西安/咸阳 202001292200-202005282359（大约）

RWY23R 中指点标不工作。

C0153/18 西安/咸阳 202001292200-202005282359（大约）

RWY05L 中指点标不工作。

C0792/18 太原/武宿 202004090300-202005280630 0300-0630 DLY

本场不接收航班备降,因跑道道面修补。

太原/武宿 202002010000-永久

ATIS 工作时间调整为:H24。

太原/武宿 202002010000-永久

塔台地面席 GND 工作时间调整为:06:30—23:59。

太原/武宿 202012070000-永久

参阅 NAIP 航图手册太原/ 武宿机场 ZBYN-7B(2020-11-1),NDB/DME RWY31 程序撤除。

郑州/新郑 202003110230-202006250530 02:30—05:30(EVERY SUN AND MON)

因维护,关闭下列滑行道:

① H,H1,H2,H4,H6,H8,H11,G4,G5,R3,R4 滑。

② S1 滑与 H 滑之间的 S 滑行道。

③ S1 滑与 H 滑之间的 U 滑行道。

郑州/新郑 202003110230-202006250530 02:30—05:30(EVERY SUN AND MON)

RWY12R/30L 关闭,因维护。维护期间进行助航灯光调试,机组注意避免落错跑道。

郑州/新郑 202002271042-202005312359 替代 C4701/17

临汝 VOR/DME LRU 116.4MHz/CH111X 不提供使用,因维护。

ZLIC(银川)没有选定时段内开始生效的通告!

兰州/中川 202004120200-202007110630 0150-0630 DLY

机场关闭,因施工。

兰州/中川 202003010000-202005312359（大约）

因停机位紧张,机场不接受通用航空飞行,紧急情况除外。

兰州/中川 202002010800-永久

数字化放行系统(DCL)正式运行

(3) 航图信息

> 轻轻刮开贴在封底的刮刮卡,扫描露出的二维码即可在线查看航图信息。

3. 问题

(1) 该航班能否放行?

(2) 备降场选择哪一个? 原因是什么?

(3) 请尝试给机组进行天气讲解。

(4) 如果飞机风挡雨刷系统故障(MEL30-42-01),航班能否放行? 原因是什么?

(5) 如果航班可以放行,请填写签派放行单和 FPL。

4.3.4 实验 4.10

1. 航班基本信息模拟

航班基本信息见表 4-10。

表 4-10　航班基本信息

航班信息	航班号:CA1553
	机型:A320
	航线:天津—哈尔滨
	班表时间:12 月 20 日 ETD0800—ETA1000(北京时)
机组信息	机长:1 名　　副驾驶:2 名
飞机故障信息	无
备注信息	天津/济南/长春/沈阳使用成都六维 FCY-2Ⅱ型除防冰液 石家庄/哈尔滨使用陕西高科Ⅱ型除防冰液 通辽/海拉尔使用 SAEI 型除防冰液 海拉尔机场标高 2164ft

2. 放行资料

(1) 气象报文

METAR ZBTJ 200000Z 08003MPS 4000 HZ NSC M02/M11 Q1025 NOSIG＝

METAR ZBTJ 200030Z 09003MPS 4500 HZ NSC M01/M10 Q1025 NOSIG＝

TAF ZBTJ 192217Z 200009 09004MPS 3000 HZ NSC TX04/07Z TNM05/00Z＝

METAR ZBSJ 200000Z 33002MPS 1500 HZ NSC M04/M09 Q1024 NOSIG＝

METAR ZBSJ 200100Z 03001MPS 1000 R33/1200N HZ NSC M02/M09 Q1024 BECMG TL0130 1500＝

TAF ZBSJ 192205Z 200009 33004MPS 2500 HZ NSC TX08/07Z TNM05/00Z BECMG 0203 3500 HZ＝

METAR ZSJN 200000Z 00000MPS 1400 R19/1100V1700D BR MIFG NSC M07/M08 Q1024 BECMG TL0130 1600＝

METAR ZSJN 200100Z VRB01MPS 1600 BR NSC M02/M03 Q1024 NOSIG＝

TAF ZSJN 192211Z 200009 10003MPS 1200 BR NSC TX09/06Z TNM03/00Z BECMG 0203 2300 HZ＝

METAR ZYHB 200000Z 22004MPS 5000 - SN M14/M20 Q1021 NOSIG＝

METAR ZYHB 200100Z 22004MPS 7000 - SN M13/M20 Q1022 BECMG TL0250 28005MPS＝

TAF ZYHB 192203Z 200009 25004G10MPS 4500 - SN SCT030 TXM10/06Z

TNM16/00Z ＝

METAR ZYCC 200000Z 23005MPS 8000-SN NSC M11/M26 Q1024 NOSIG＝

METAR ZYCC 200100Z 24006MPS CAVOK M12/M24 Q1024 NOSIG＝

TAF ZYCC 192225Z 200009 27004MPS 6000 － SN FEW026 TXM10/06Z TNM14/
00Z＝

METAR ZYTX 200000Z VRB01MPS CAVOK M13/M19 Q1027 NOSIG＝

METAR ZYTX 200030Z 01002MPS 330V030 CAVOK M10/M18 Q1027 NOSIG＝

TAF ZYTX 192204Z 200009 07004MPS CAVOK TXM03/06Z TNM11/09Z＝

METAR ZBTL 200000Z 28004MPS CAVOK M17/M24 Q1025 NOSIG＝

METAR ZBTL 200100Z 30004MPS CAVOK M12/M25 Q1026 NOSIG＝

TAF ZBTL 192200Z 200009 27005MPS CAVOK TXM08/06Z TNM15/00Z＝

METAR ZBLA 200000Z 27004MPS CAVOK M44/M37 Q1016 NOSIG＝

METAR ZBLA 200100Z 26004MPS CAVOK M43/M35 Q1017 NOSIG＝

TAF ZBLA 192201Z 200009 27006MPS CAVOK TXM40/06Z TNM47/00Z＝

（2）航行通告

天津/滨海 202012171131-202005312359

新增临时障碍物,位置:距机场基准点 23244 米,磁方位角 266°,海拔高度 625 米。请过往机组注意。

天津/滨海 202002271130-202005312359

新增临时障碍物,位置:距机场基准点 32426 米,磁方位角 116°,海拔高度 549 米。过往机组注意。

天津/滨海 202002271130-202005312359

A 滑以西的 A10 滑行道关闭,设有关闭标志和红色警示灯。

天津/滨海 202002271129-202005312359

21 号至 26 号停机位航空器进出方式调整为:航空器进入和推出时发动机须处于关闭状态,仅允许依靠牵引车拖进和推出。

石家庄/正定 202002202010-202005202359

LOC15 ILS CAT I IОО' 109.9MHz 限制使用如下:航向信标前航道左侧（＋）25°以外不可用。

石家庄/正定 202003311700-202006302359

本场每日航班结束后,如有备降需提前 20 分钟通知,因飞行区维护作业。

石家庄/正定 202003140530-永久

RWY 15/33 PAPI 位置更新如下:

① RWY15 PAPI 由跑道左侧入口内 340M 改为跑道左侧入口内 348M。

② RWY33 PAPI 由跑道左侧入口内 330M 改为跑道左侧入口内 338M。

济南/遥墙 202012200415-202004210600 0415-0600 DLY

情报员注释：如此条跑道关闭，则相当于机场关闭。RWY01/19 跑道关闭，因施工。

哈尔滨/太平 202003301106-202006301500（大约）

A1 滑行道关闭。

哈尔滨/太平 202003281000-永久

因机坪改造，撤销 6 号停机位。

哈尔滨/太平 202003231315-永久

本场跑道东南侧现有一条灯光带，长度 10 千米，夜间发光，颜色红色，提醒机组注意。

长春/龙嘉 202002111008-202005152359（大约）

本场 RWY24 ILS/DME 仪表进近图中 GP INOP 运行最低标准临时进行如下调整：RWY24 ILS/DME（GP INOP）的 MDA（MDH）/VIS 标准为：A、B、C、D 类飞机为 305（108）/1200。

沈阳/桃仙 202011090000-永久

沈阳桃仙机场 PBN 飞行程序正式运行。

沈阳/桃仙 202004171529-永久

沈阳桃仙机场 ILS 06/24 下滑道信号受到干扰，受影响航班在五边所处位置不固定，总体集中于跑道入口 14-7 公里或跑道入口附近，提醒实施 ILS 进近机组注意。

通辽 202011300912-202005302359

RVR 不工作，因故障。

ZBLA（海拉尔）没有选定时段内开始生效的通告！

（3）航图信息

> 轻轻刮开贴在封底的刮刮卡，扫描露出的二维码即可在线查看航图信息。

3. 问题

（1）该航班是否可以放行？签派员需要做什么？

（2）如果哈尔滨只有 SAEI 型除防冰液，是否可以放行？

（3）海拉尔机场是否可以选为备降机场？原因是什么？

（4）如果航班可以放行，请填写签派放行单和 FPL。

4.4　航行通告评估

4.4.1　实验 4.11

1. 航班基本信息模拟

航班基本信息见表 4-11。

表 4-11 航班基本信息

航班信息	航班号:CZ2428
	机型:B738
	航线:绵阳—郑州
	班表时间:4 月 21 日 ETD0920—ETA1130(北京时间)
机组信息	机长:1 名　副驾驶:2 名
飞机故障信息	适航
备注信息	B738 顺风起降限制:5m/s

2. 放行资料

(1) 气象报文

METAR ZUMY 210100Z VRB01MPS 0500 FG 21/17 Q1007 NOSIG=

METAR ZUMY 210000Z 05002MPS 0600 FG 20/18 Q1007 NOSIG=

TAF ZUMY 210107Z 210312 14003MPS 0600 SCT030 TX28/08Z TN24/12Z BECMG TL0300 1000 BR=

METAR ZUUU 210200Z 02006MPS 050V190 2000-SHRA BR BKN033 22/21 Q1007 NOSIG=

METAR ZUUU 210130Z 00008MPS 2200-SHRA BR FEW008 BKN033 21/20 Q1007 NOSIG=

TAF ZUUU 210111Z 210312 02006MPS 2000-SHRA BR FEW007 SCT040 TX24/07Z TN22/12Z=

METAR ZUCK 210100Z 03003MPS 6000 NSC 20/17 Q1006 NOSIG=

METAR ZUCK 210000Z 01002MPS 6000 NSC 19/17 Q1007 NOSIG=

TAF ZUCK 210104Z 210312 02003MPS 6000 SCT050 TX29/08Z TN21/03Z=

METAR ZHCC 210100Z 14002MPS 110V190 3000 BR OVC030 21/19 Q1006 NOSIG=

METAR ZHCC 210000Z VRB01MPS 2500 BR SCT030 21/20 Q1006 BECMG TL0040 3000=

TAF ZHCC 210102Z 210312 15003MPS 3000 BR BKN040 TX24/07Z TN20/12Z=

METAR ZBYN 210200Z VRB01MPS 4000 BR FEW026 19/16 Q1009 NOSIG=

METAR ZBYN 210130Z VRB01MPS 3000 BR FEW026 18/16 Q1009 NOSIG=

TAF ZBYN 210114Z 210312 03004MPS 3000 BR NSC TX22/07Z TN16/12Z=

METAR ZHHH 210100Z 15005MPS 9999 SCT015 OVC040 22/20 Q1007 NOSIG=

METAR ZHHH 210000Z 16003MPS 4000-SHRA BR FEW010 FEW026CB OVC040 21/20 Q1007 RESHRA NOSIG=

TAF ZHHH 210108Z 210312 14003MPS 3000 BR SCT015 OVC040 TX26/07Z TN23/12Z=

METAR ZSOF 210100Z 17006MPS CAVOK 24/19 Q1008 NOSIG=

METAR ZSOF 210000Z 15006MPS CAVOK 23/19 Q1008 NOSIG=

TAF ZSOF 210104Z 210312 18005MPS 8000-RA BKN040 TX26/06Z TN19/12Z TEMPO 0306-TSRA FEW030CB=

METAR ZLXY 210100Z 00000MPS 0800 BR SCT026 16/16 Q1008 BECMG TL0200 2000=

METAR ZLXY 210000Z 23002MPS 0800 R23R/1000D R23L/1100N FG NSC 15/15 Q1008 BECMG TL0100 1500 BR=

TAF ZLXY 210108Z 210312 21003MPS 2000 HZ NSC TX28/08Z TN21/03Z=

（2）航行通告

绵阳/南郊 202004171037-202010172359

RWY14 MM 不提供使用。

绵阳/南郊 202004171036-202010172359

NDB´A´210kHz 不提供使用。

绵阳/南郊 202003312200-202004300500

本场跑道边灯不提供使用，因维护。

成都/双流 202004140200-202006252359

RWY02R ILS 不提供使用，因更新改造。

成都/双流 202004140200-202006252359

RWY02L RNAV ILS/DME 一类仪表进近程序不可用。

成都/双流 202004140200-202006252359

RWY02L OM 不提供使用，因更新改造。

成都/双流 202004140200-202006252359

RWY02L MM 不提供使用，因更新改造。

成都/双流 202004140200-202006252359

RWY02L IM 不提供使用，因更新改造。

成都/双流 202004140200-202006252359

RWY20L ILS 不提供使用，因更新改造。

成都/双流 202004140200-202006252359

RWY02L ILS 不提供使用，因更新改造。

重庆/江北 202004210130-202004300600 0130-0600 DLY

RWY21 禁止起降，因维护。

重庆/江北 202004210130-202004300600 0130-0600 DLY

RWY03 禁止起飞，因维护。

重庆/江北 202004181200-202004302359

RWY03 禁止降落。

郑州/新郑 202002200230-202006270530　02:30—05:30（EVERY TUE AND WED）

RWY12L/30R 关闭,因维护。维护期间进行助航灯光调试,机组注意避免落错跑道。

郑州/新郑 202012281531-202006302359

103 号停机位仅供滑行使用,变更为 103 滑行线,并设置滑行线各项标志。

郑州/新郑 202009140001-永久

从南阳及以远经 P320 落地郑州机场的航班的进场航线为:南阳-P320-临汝,然后切入郑州机场现有进场程序。

太原/武宿 202004211300-202004211500

本场禁止起降,因临时其他用户占用空域。

太原/武宿 202002010000-永久

ATIS 工作时间调整为:H24。

太原/武宿 202002010000-永久

塔台地面席 GND 工作时间调整为:06:30—23:59。

太原/武宿 202002010000-永久

太原塔台增设放行许可发布席,中文呼号:太原放行,英文 TAIYUAN DELIVERY,频率:121.925MHz,工作时间:08:30—22:00。

武汉/天河 202001261611-202004261600

201,206,210,216,219 号停机位关闭。

武汉/天河 202001120001-202012312359

C13 滑行道关闭。

武汉/天河 202001101748-202012312359

519 机位以北的 P12 滑行道关闭。

武汉/天河 202012301844-202012312359

506,507 号停机位关闭,因施工。

合肥/新桥 202004130001-202004250700 0001-0700 DLY

不接收备降航班,紧急情况除外,因跑道标志线维护。

西安/咸阳 202012281515-202005282359（大约）

RWY23R NDB 'M'/429kHz 不工作,因限飞整改。

西安/咸阳 202012281510-202005282359（大约）

RWY05L NDB 'G'/327kHz 不工作,因限飞整改。

(3) 航图信息

> 轻轻刮开贴在封底的刮刮卡,扫描露出的二维码即可在线查看航图信息。

3. 问题

（1）该航班能否放行？绵阳机场起飞标准是什么？你的运行决策是什么？

（2）成都机场备降标准是什么？

（3）请对目的地机场的备降场做简要评估。

（4）如果航班可以放行，请填写签派放行单和 FPL。

4.4.2　实验 4.12

1. 航班基本信息模拟

航班基本信息见表 4-12。

表 4-12　航班基本信息

航班信息	航班号：CZ6645
	机型：A320
	航线：郑州—乌鲁木齐
	班表时间：6 月 22 日 ETD1900—ETA2240
机组信息	机长：2 名　　　副驾驶：2 名
飞机故障信息	适航
备注信息	郑州—乌鲁木齐有两条航路走向： 　　B215 走向：ZHCC P320 H14 ZS H132 DOVOP W541 ADNEN W94 QIY H15 SUNUV W197 ANDIM B215 IBANO G470 QTV W99 Fkg B215 URC ZWWW（1542NM） 　　W66 走向：ZHCC P320 H14 ZS H132 DOVOP W541 ADNEN W94 QIY H15 SUNUV B330 GOBIN W66 NUKTI B215 HAM W99 Fkg B215 URC ZWWW（1668 NM） 　　A320 机型基本参数： 　　翼展 34.09 米 机身长：37.57 米 高度 11.76 米 　　客舱宽度 3.70 米

2. 放行资料

（1）气象报文

METAR ZHCC 221100Z 02007MPS 350V050 9999 OVC020 12/09 Q1014 NOSIG＝

METAR ZHCC 221000Z 02007MPS 350V050 9999 OVC020 13/10 Q1014 NOSIG＝

TAF ZHCC 221005Z 221221 03008G13MPS 5000 HZ BKN040 TX12/12Z TN10/21Z＝

TAF ZHCC 220902Z 221212 03008G13MPS 5000 HZ BKN040 TX20/07Z TN11/22Z＝

METAR ZBHH 221100Z 01005MPS 9999 SCT040 FEW040CB 17/06 Q1016 BEC-

MG TL1230 09004MPS=

METAR ZBHH 221000Z 35007MPS 9999 FEW040 FEW040CB 19/07 Q1014 BEC-
MG TL1130 06002MPS=

TAF ZBHH 221005Z 221221 06004MPS 9999 SCT040 TX14/12Z TN10/21Z=

TAF ZBHH 220915Z 221212 06004MPS 9999 SCT040 TX20/07Z TN08/22Z=

METAR ZBOW 221100Z 36007MPS 330V040 CAVOK 17/04 Q1015 NOSIG=

METAR ZBOW 221000Z 35008MPS CAVOK 18/05 Q1015 NOSIG=

TAF ZBOW 221006Z 221221 33003MPS 9999 FEW030 TX15/12Z TN06/21Z=

METAR ZLLL 221100Z 03006MPS 4000 RA FEW030CB BKN040 17/02 Q1016
NOSIG=

METAR ZLLL 221000Z 02005MPS 350V050 7000-RA SCT020 19/01 Q1016 NOS-
IG=

TAF ZLLL 221001Z 221221 01004MPS 6000-RA BKN040 TX17/12Z TN09/21Z
TEMPO 1215 4000 SHRA =

METAR ZLIC 221100Z 02008MPS CAVOK 21/07 Q1014 NOSIG=

METAR ZLIC 221000Z 02008MPS 8000 NSC 23/07 Q1013 BECMG TL1130
15004MPS=

TAF ZLIC 221012Z 221221 02004MPS 8000 SCT050 TX20/12Z TN11/21Z BEC-
MG 1516 2800-RA BR=

TAF ZLIC 220907Z 221212 02004MPS 8000 SCT050 TX20/12Z TN11/22Z BEC-
MG 1617 2800-RA BR=

METAR ZLJQ 221100Z 09005MPS 9999-RA FEW030CB BKN040 07/06 Q1024
NOSIG=

METAR ZLJQ 221000Z 05004MPS 9999-RA FEW030CB BKN040 08/06 Q1023
NOSIG=

TAF ZLJQ 221008Z 221221 10004MPS 8000-RA FEW030CB BKN040 TX08/12Z
TN06/21Z=

METAR ZWHM 221100Z 24003MPS 200V260 CAVOK 23/M13 Q1017 NOSIG=

METAR ZWHM 221000Z 25004MPS 190V300 CAVOK 23/M14 Q1017 NOSIG=

TAF ZWHM 221019Z 221221 30004MPS CAVOK TX21/12Z TN10/21Z=

METAR ZWWW 221130Z 01003MPS CAVOK 22/M02 Q1018 NOSIG=

METAR ZWWW 221100Z 36003MPS 330V040 CAVOK 22/M03 Q1018 NOSIG=

TAF ZWWW 221013Z 221221 02004MPS CAVOK TX20/12Z TN13/21Z BECMG
1314 18004MPS=

TAF ZWWW 220904Z 221212 02004MPS CAVOK TX27/09Z TN13/23Z BECMG
1314 18004MPS BECMG 0203 36004MPS=

METAR ZWTL 221100Z AUTO 16002MPS 110V230 9999 // NCD 26/M08 Q1015
=

METAR ZWTL 221000Z AUTO 16003MPS 9999 // NCD 26/M07 Q1014=

TAF AMD ZWTL 220634Z 220615 CNL=

METAR ZWKM 221100Z VRB02MPS CAVOK 25/M03 Q1016 NOSIG=

METAR ZWKM 221000Z VRB01MPS CAVOK 25/M04 Q1016 NOSIG=

TAF ZWKM 221126Z 221221 VRB01MPS CAVOK TX24/12Z TN12/21Z=

METAR ZWYN 221100Z 13002MPS 080V170 CAVOK 25/M04 Q1014 NOSIG=

METAR ZWYN 221000Z VRB02MPS CAVOK 25/M01 Q1014 NOSIG=

TAF ZWYN 221024Z 221221 11004MPS CAVOK TX24/12Z TN12/21Z=

（2）航行通告

郑州/新郑 202002200230-202006270530   02:30—05:30（EVERY TUE AND WED）

RWY12L/30R 关闭,因维护。维护期间进行助航灯光调试,机组注意避免落错跑道。

郑州/新郑 202010281531-202006302359 替代 C1983/17

103 号停机位仅供滑行使用,变更为 103 滑行线,并设置滑行线各项标志。

郑州/新郑 202009140001-永久

从南阳及以远经 P320 落地郑州机场的航班的进场航线为:南阳-P320-临汝,然后切入郑州机场现有进场程序。

呼和浩特/白塔 202004201020-202007061200

本场 23 号停机位关闭,因道面修补。

呼和浩特/白塔 202004200330-202007260600 0330-0600 DLY

本场不接收备降航班,因道面维护。

呼和浩特/白塔 202002221000-202012312359

本场使用土木尔台 12D（TMR12D）程序离场的航空器,未经 ATC 许可,必须过HET 台后才可以加入离场航线。

包头 202003091001-202012122359

包头消防等级降为 5 级。

兰州/中川 202004120250-202007110630 0250-0630 DLY

机场关闭,因施工。

兰州/中川 202006222000-202006222359（大约）

因停机位紧张,机场不接收备降航班,紧急情况除外。

兰州/中川 202002010800-永久

数字化放行系统（DCL）正式运行。

ZLIC(银川)没有选定时段内开始生效的通告!

嘉峪关 202004101001-202010302359

嘉峪关消防等级降为 5 级。

没有选定时段内开始生效的通告!

乌鲁木齐/地窝堡 202003051600-202007151000

RWY25 MM 不提供服务因无飞行程序保障任务。

乌鲁木齐/地窝堡 202003051600-202007151000

RWY07 MM 不提供服务因无飞行程序保障任务。

乌鲁木齐/地窝堡 202003060200-202001010650　　0200-0650 EVERY TUE

A 滑行道和 B 滑行道关闭因日常维护。

乌鲁木齐/地窝堡 202003060200-202001010650　　0200-0650 EVERY TUE

RWY07/25 关闭,因日常维护,紧急备降除外。

吐鲁番/交河 202003211200-永久

机场新增航务管理频率,呼号:吐鲁番现场,工作频率:128.850MHz,工作时段具体听从管制指挥。

ZWKM(克拉玛依) 没有选定时段内开始生效的通告!

伊宁 202003271300-永久

经 H70 航线飞往伊宁机场的航空器,应设法在精河 NDB'KH'半径 20 海里范围内与伊宁取得联系,索要进场条件。若未取得联系,航空器机组可向乌鲁木齐区域管制室索要预计使用跑道和进场方式,后续完全与伊宁塔台建立联系后,航空器机组再向伊宁塔台索要进场条件。

伊宁 202002121943-202007112359(大约)替代 C0117/18

RWY24 测风仪不工作因故障。

伊宁 202002061036-202007052359(大约)替代 C0049/18

云高仪不工作因故障。

兰州情报区 202006221000-202006222359

下列航路(线)段禁航:

B215 航路(ANDIM-TODOD)段,

兰州情报区 202006220500-202006222300 0500-0700 1600-1800 1900-2300

下列航路(线)段高度在 6000M(含)以下禁航:

① V67 航线(雅布赖 VOR'YBL'-P312)段,

② J360 航线(雅布赖 VOR'YBL'-巴丹吉林 VOR'BDA')段。

F)FL000 G)FL197。

(3)航图信息

> 轻轻刮开贴在封底的刮刮卡,扫描露出的二维码即可在线查看航图信息。

3. 问题

(1)该航班能否放行?应选择哪条航路?原因是什么?

（2）航路备降场选择哪一个？原因是什么？

（3）如果航班可以放行，请填写签派放行单和 FPL。

4.4.3 实验 4.13

1. 航班基本信息模拟

航班基本信息见表 4-13。

表 4-13 航班基本信息

航班信息	航班号：CZ6646				
	机型：B738				
	航线：乌鲁木齐—郑州				
	班表时间：11 月 3 日 ETD0815—ETA1210（北京时）				
机组信息	机长：2 名　　副驾驶：2 名				
飞机故障信息	适航				
备注信息	乌鲁木齐—郑州航路各点所需飞行时间（走 W66）： （航路点）ZWWW　VARMI　OMDAX　MULOR　VESED　PUBAM （所需时间）0000　0012　0015　0016　0018　0020 ADPET　DAKPA　PORUP　BATUS　LIKMI　GOVSA　JNQ　GOBIN 0023　0032　0036　0052　0059　0103　0129　0139 P435　YBL　AKMAT　JTA　SUNUV　XIXAN　JIG　VISIN　P396 0148　0155　0210　0213　0218　0220　0224 0232　0244 P404　P397　UGSUT　SHX　P134　P52　LRU VENUT　ZHCC 0253　0255　0301　0304　0312　0319　0323 0327　0344				

2. 放行资料

（1）气象报文

METAR ZWWW 030000Z 02003MPS CAVOK 14/01 Q1019 NOSIG＝

METAR ZWWW 022300Z VRB02MPS CAVOK 14/01 Q1019 NOSIG＝

TAF ZWWW 022211Z 030009 36004MPS CAVOK TX19/08Z TN10/15Z BECMG
131418004MPS＝

METAR ZWTL 030000Z 10002MPS 070V170 CAVOK 19/M04 Q1014 NOSIG＝

METAR ZWTL 022300Z 10002MPS 060V150 CAVOK 19/M03 Q1014 NOSIG＝

TAF ZWTL 022211Z 030009 12004MPS 8000 FEW040 TX28/09Z TN20/15Z＝

METAR ZLJQ 030000Z 09006G11MPS 060V130 CAVOK 16/M08 Q1011
NOSIG＝

METAR ZLJQ 210400Z 08006MPS CAVOK 15/M08 Q1013 NOSIG＝

TAF ZLJQ 022211Z 030009 12004MPS CAVOK TX20/09Z TN16/15Z＝

METAR ZLDH 030000Z 07010MPS 7000 BLDU NSC 19/M08 Q1009 NOSIG＝

METAR ZLDH 022300Z 07011MPS 7000 BLDU NSC 18/M08 Q1008 NOSIG＝

TAF ZLDH 022211Z 030009 06010MPS 6000 BLDU NSC TX23/09Z TN17/15Z BECMG 0910 06005MPS BECMG 1415 29004MPS=

METAR ZLIC 030000Z 04004MPS 360V070 CAVOK 21/03 Q1011 NOSIG=

METAR ZLIC 022300Z 02004MPS 350V050 CAVOK 20/05 Q1012 NOSIG=

TAF ZLIC 022211Z 030009 03004G09MPS 8000 NSC TX25/08Z TN12/15Z=

METAR ZBHH 030000Z 09008MPS CAVOK 18/07 Q1012 NOSIG=

METAR ZBHH 022300Z 09008MPS CAVOK 16/06 Q1013 NOSIG=

TAF ZBHH 022211Z 030009 10009MPS CAVOK TX20/07Z TN10/15Z BECMG 1112 10004MPS=

METAR ZLLL 030000Z 13003MPS 070V180 9999 BKN020 18/02 Q1013 NOSIG=

METAR ZLLL 022300Z 13002MPS 080V240 9999 FEW023 17/03 Q1013 NOSIG=

TAF ZLLL 022211Z 030009 13003MPS 6000 SCT040 TX20/08Z TN14/15Z=

METAR ZHCC 030000Z 16003MPS 100V200 4000 BR OVC030 22/19 Q1007 NOS-IG=

METAR ZHCC 022300Z 14002MPS 090V180 4000 BR OVC030 22/20 Q1007 NOS-IG=

TAF ZHCC 022211Z 030009 15003MPS 2000-RA FEW030CB OVC030 TX24/06Z TN19/15Z TEMPO 0205 3000 SHRA OVC030=

METAR ZBYN 030000Z 35003MPS 320V030 3000 BR FEW026 20/16 Q1009 NOS-IG=

METAR ZBYN 022300Z 35002MPS 310V030 3000 BR FEW026 20/16 Q1009 NOS-IG=

TAF ZBYN 022211Z 030009 35004MPS 3000 BR SCT040 TX22/07Z TN18/15Z=

METAR ZHHH 030000Z 16006MPS 5000 BR SCT030 23/20 Q1007 NOSIG=

METAR ZHHH 022300ZZ 15005MPS 7000 SCT010 OVC033 22/20 Q1007 NOSIG =

TAF ZHHH 022211Z 030009 15003MPS 5000 BR BKN030 TX25/07Z TN20/15Z=

METAR ZSOF 030000Z 17008MPS CAVOK 26/18 Q1008 NOSIG=

METAR ZSOF 022300Z 16007MPS CAVOK 24/20 Q1008 NOSIG=

TAF ZSOF 022211Z 030009 18005MPS 5000 BR BKN040 TX25/06Z TN20/15Z TEM-PO 1115-TSRA FEW030CB=

METAR ZLXY 030000Z VRB01MPS 6000 NSC 22/17 Q1008 NOSIG=

METAR ZLXY 022300Z VRB02MPS 4000 BR FEW026 19/16 Q1008 NOSIG=

TAF ZLXY 022211Z 030009 23003MPS 4000 HZ NSC TX27/08Z TN16/15Z=

（2）航行通告

乌鲁木齐/地窝堡 202003051600-202006151000

RWY25 MM 不提供服务因无飞行程序保障任务。

乌鲁木齐/地窝堡 202003051600-202006151000

RWY07 MM 不提供服务因无飞行程序保障任务。

乌鲁木齐/地窝堡 202003060200-202001010650 0200-0650 EVERY TUE

A 滑行道和 B 滑行道关闭因日常维护。

乌鲁木齐/地窝堡 202003060200-202001010650 0200-0650 EVERY TUE

RWY07/25 关闭,因日常维护,紧急备降除外。

兰州情报区 1711031000-1711031100

下列航路(线)段禁航:

① B330 航路(雅布赖 VOR′YBL′-GOBIN)段。

② W66 航路(GOBIN-额济纳旗 VOR′JNQ′)段。

郑州/新郑 202002200230-202006270530　02:30—05:30 (EVERY TUE AND WED)

RWY12L/30R 关闭,因维护。维护期间进行助航灯光调试,机组注意避免落错跑道。

郑州/新郑 202010281531-202006302359 替代 C1983/17

103 号停机位仅供滑行使用,变更为 103 滑行线,并设置滑行线各项标志。

郑州/新郑 202009140001-永久

从南阳及以远经 P320 落地郑州机场的航班的进场航线为:南阳-P320-临汝,然后切入郑州机场现有进场程序。

太原/武宿 202002010000-永久

ATIS 工作时间调整为:H24。

太原/武宿 202011031330-202011031530

本场禁止起降,因临时其他用户占用空域。

太原/武宿 202002010000-永久

塔台地面席 GND 工作时间调整为:06:30—23:59。

太原/武宿 202002010000-永久

太原塔台增设放行许可发布席,中文呼号:太原放行,英文 TAIYUAN DELIVERY,频率:121.925MHz,工作时间:08:30—22:00。

武汉/天河 202001261611-202004261600

201,206,210,216,219 号停机位关闭。

武汉/天河 202001120001-202012312359

C13 滑行道关闭。

武汉/天河 202001101748-202012312359 替代 C4674/17

519 机位以北的 P12 滑行道关闭。

武汉/天河 202012301844-202012312359 替代 C3829/17

506,507 号停机位关闭,因施工。

合肥/新桥 202004130001-202004250700 0001-0700 DLY

不接收备降航班,紧急情况除外,因跑道标志线维护。

西安/咸阳 202010281515-202005282359(大约)

RWY23R NDB 'M'/429kHz 不工作,因限飞整改。

西安/咸阳 202010281510-202005282359(大约)

RWY05L NDB 'G'/327kHz 不工作,因限飞整改。

兰州/中川 202004120200-202007110630　0150-0630 DLY

机场关闭,因施工。

兰州/中川 202003010000-202005312359(大约)

因停机位紧张,机场不接收通用航空飞行,紧急情况除外。

兰州/中川 202002010800-永久

数字化放行系统(DCL)正式运行。

ZLIC(银川)没有选定时段内开始生效的通告!

ZWHM(哈密)没有选定时段内开始生效的通告!

ZLJQ(嘉峪关)没有选定时段内开始生效的通告!

ZLD　H(敦煌)没有选定时段内开始生效的通告!

(3) 航图信息

> 轻轻刮开贴在封底的刮刮卡,扫描露出的二维码即可在线查看航图信息。

3. 问题

(1) 该航班能否放行?你的运行决策是什么?

(2) 若 ETD 变为 0835,则该航班的运行决策是什么?

(3) 如果航班可以放行,请填写签派放行单和 FPL。

4.4.4　实验 4.14

1. 航班基本信息模拟

航班基本信息见表 4-14。

表 4-14　航班基本信息

航班信息	航班号:MU3115
	机型:A321
	航线:西安—兰州
	班表时间:7 月 21 日 ETD1300—ETA1400(北京时)
机组信息	机长:1 名　副驾驶:2 名
飞机故障信息	空调组建温度控制活门故障(MEL 21-51-05)

续表

备注信息	西安—兰州航路走向： ZLXY TEBIB W541 ADNEN W94 QIY H15 SUNUV ZLLL 计算机计划油量等数据（单位 LB）：

MTOW 167550	MLDW 144000	MZFW 138300	OEW 96033
最大起飞重	最大着陆重	最大无油重	干使用重
BRWT 154700	LDGWT 140780	ZFWT 124561	PLD 28527
实际起飞重	实际着陆重	实际无油重	实际业载

2. 放行资料

（1）气象报文

METAR ZLXY 210500Z VRB01MPS 9999 FEW030 SCT040 25/17 Q1007 NOSIG＝

METAR ZLXY 210400Z 00000MPS 8000 FEW026 23/15 Q1007 NOSIG＝

TAF ZLXY 210416Z 210615 23003MPS 4000 HZ NSC TX27/07Z TN16/15Z＝

METAR ZLLL 210500Z 13003MPS 070V180 9999 BKN020 26/12 Q1013 NOSIG＝

METAR ZLLL 210400Z 13002MPS 080V240 9999 FEW023 25/13 Q1013 NOSIG＝

TAF ZLLL 210400Z 210615 13003MPS 6000 SCT040 TX29/07Z TN14/15Z＝

METAR ZLIC 210500Z 04004MPS 360V070 CAVOK 21/13 Q1011 NOSIG＝

METAR ZLIC 210400Z 02004MPS 350V050 CAVOK 20/15 Q1012 NOSIG＝

TAF ZLIC 210402Z 210615 03004G09MPS 8000 NSC TX25/06Z TN12/15Z＝

TAF ZLIC 210308Z 210606 02004MPS 8000 NSC TX24/08Z TN11/23Z＝

METAR ZLXN 210500Z VRB01MPS 9999 SCT040 OVC100 14/07 Q1015 NOSIG＝

METAR ZLXN 210400Z 27002MPS 210V310 9999 SCT040 OVC100 12/06 Q1015 NOSIG＝

TAF ZLXN 210401Z 210615 12005MPS 9999 FEW030 TX19/07Z TN10/15Z＝

（2）航行通告

西安/咸阳 202002071535-202008062359

T1 滑行道关闭，因维护。

西安/咸阳 202001292200-202005282359（大约）

RWY23R 中指点标不工作。

西安/咸阳 202001292200-202005282359（大约）

RWY05L 中指点标不工作。

ZLIC(银川) 没有选定时段内开始生效的通告！

兰州/中川 202004120200-202007110630 0150-0630 DLY

机场关闭，因施工。

兰州/中川 202003010000-202005312359（大约）

因停机位紧张,机场不接收通用航空飞行,紧急情况除外。

兰州/中川 202002010800-永久

数字化放行系统(DCL)正式运行。

西宁/曹家堡 202003300938-202006302359

停机位 208,209,210,211,211A,211B,211C,211D 关闭,因施工,关闭区域设有警示标志。

西宁/曹家堡 202003300937-202006302359

机场不停航施工,施工区域为:距 RWY29 入口以西 1 171.5～1 436.0 米,距跑道中心线以南 369.5～549.0 米的矩形区域。区域内搭建设有刺网和红色警示灯的钢板网临时围界,高度 3.0 米。

西宁/曹家堡 202003221138-202006202359

西宁 VOR/DME ′XNN′ 116.5MHz/CH112X 新增限制使用:

测距仪 334°径向线,航路高度 5400M,距台 38 海里以外不提供使用。

西宁/曹家堡 202003121238-202006192359

本场鸟类活动频繁,白天各种鸟类集群在跑道西北、西南、东南、东北侧活动,飞行高度 0 米至 300 米,夜间有大型和中型鸟类集群在跑道西北、西南、东南、东北侧活动,飞行高度 0 米至 500 米,对飞行构成威胁,请机组注意观察。

兰州情报区 1707211300-1707211400

下列航路(线)高度在 7500M(含)以下禁航:

① W541 航路全程。

② W94 航路全程。

③ H15 航路全程。

(3) 航图信息

> 轻轻刮开贴在封底的刮刮卡,扫描露出的二维码即可在线查看航图信息。

3. 问题

(1) 该航班能否放行? 运行决策是什么?

(2) 该航班是否有限载? 你的处理方式是什么?

(3) 如果航班可以放行,请填写签派放行单和 FPL。

4.5　机场、航路和 ATC 的评估

4.5.1　实验 4.15

1. 航班基本信息模拟

航班基本信息见表 4-15。

表 4-15 航班基本信息

航班信息	航班号：CA1513
	机型：A319
	航线：成都—昌都
	班表时间：1 月 10 日 ETD0645—ETA0735（北京时）
机组信息	机长：2 名　　副驾驶：2 名
飞机故障信息	适航
备注信息 RNP RAIM 预测值	ZULS ARR：Predicted GPS PRIMARY AVAILABILITY for A319 from 1301092000Z to 1301101900Z RNP 0.15 available 2000Z to 1900Z RNP 0.20 available 2000Z to 1900Z RNP 0.30 available 2000Z to 1900Z ZULS DEP：Predicted GPS PRIMARY AVAILABILITY for A319 from 1301092000Z to 1301101900Z RNP 0.30 available 2000Z to 1900Z Except for 2000Z to 2022Z Except for 2330Z to 2338Z Except for 1022Z to 1038Z Except for 1041Z to 1051Z Except for 1331Z to 1341Z Except for 1344Z to 1357Z Except for 1609Z to 1612Z Except for 1647Z to 1709Z Except for 1832Z to 1838Z ZUBD ARR：Predicted GPS PRIMARY AVAILABILITY for A319 from 1301092000Z to 1301101900Z RNP 0.30 available 2000Z to 1900Z ZUBDDEP：Predicted GPS PRIMARY AVAILABILITY for A319 from 1301092000Z to 1301101900Z RNP 0.30 available 2000Z to 1900Z Except for 0525Z to 0555Z

2. 放行资料

（1）气象报文

METAR ZUUU 092130Z VRB01MPS 0300 R02L/0400N R02R/0350N FG BKN033 05/03 Q1028 NOSIG＝

METAR ZUUU 092200Z VRB01MPS 0400 R02L/0450N R02R/0350N FG BKN033 05/03 Q1028 NOSIG＝

TAF ZUUU 092208Z 100009 28003MPS 600 FG SCT040 TX07/06Z TN04/03Z BECMG 0001 1500 BR＝

METAR ZUCK 092100Z 34002MPS 2000 BR NSC 06/01 Q1028 NOSIG＝

METAR ZUCK 092200Z 34002MPS 2000 BR NSC 06/03 Q1026 NOSIG＝

TAF ZUCK 100400Z 100615 33003MPS 5000 SCT040 TX08/05Z TN04/02Z＝

METAR ZUGY 092100Z 35001MPS 1000 BR SCT030 04/01 Q1028 NOSIG=

METAR ZUGY 092130Z 35001MPS 1000 BR SCT030 05/03 Q1027 NOSIG=

METAR ZUGY 092200Z 35001MPS 1500 BR SCT030 05/03 Q1027 NOSIG=

TAF ZUGY 100400Z 100615 35002MPS 2000 SCT040 TX08/05Z TN04/02Z=

METAR ZPPP 092100Z 32001MPS 5000 FEW060 05/01 Q1029 NOSIG=

METAR ZPPP 092130Z 32001MPS 5000 FEW060 05/01 Q1029 NOSIG=

METAR ZPPP 092200Z 32001MPS 5000 FEW060 05/01 Q1029 NOSIG=

TAF ZPPP 100403Z 100615 32002MPS 6000 SCT060 TX09/05Z TN05/03Z=

METAR ZUMY 092100Z 34005MPS 0600 FEW030 05/01 Q1026 NOSIG=

METAR ZUMY 092200Z 34005MPS 0500 FEW030 05/01 Q1026 NOSIG=

TAF ZUMY 100402Z 100615 33002MPS 0700 FEW040 TX09/05Z TN05/03Z=

METAR ZUBD 092130Z 34003MPS 310V060 CAVOK M20/M30 Q1016 NOSIG=

METAR ZUBD 092200Z VRB02MPS CAVOK M20/M29 Q1017 NOSIG=

TAF ZUBD 092253Z 100009 32003MPS CAVOK TXM09/05Z TNM19/00Z=

METAR ZULS 092130Z 27002MPS CAVOK M11/M14 Q1014 NOSIG=

METAR ZULS 092200Z VRB01MPS CAVOK M12/M15 Q1014 NOSIG=

TAF ZULS 092231Z 100009 09004MPS CAVOK TXM02/05Z TNM10/00Z=

（2）航行通告

成都/双流（ZUUU）　2020/01/05 06：00—2020/02/15 05：59

前往双流机场落地的航空器，除非管制员有特别要求，否则飞行员应严格执行以下空速限制：从 IAF 起至 IF，保持指示空速 340 公里/小时（180 节）。从 IF 至距离跑道入口 4NM，保持指示空速 300 公里/小时（160 节）。如机组因机型性能等原因不能执行此速度限制，应立即报告管制员。

成都/双流（ZUUU）　2020/01/08 02：30—2020/09/26 06：00 0230-0600 ON EVERY THU AND FRI

关闭 A 滑至 RWY 02L/20R 之间的 A1-A6，A8 滑行道，因维护。

成都/双流（ZUUU）　2020/01/08 02：30—2020/09/26 06：00 0230-0600 ON EVERY THU AND FRI

RWY02L/20R 关闭，因维护。

成都/双流（ZUUU）　2020/01/08 02：30—2020/09/24 06：00 0230-0600 ON EVERY MON TUE AND WED

① 关闭 E9 滑以南的 D，E 滑行道。

② 关闭 D1-D5，E1-E8 滑行道。

成都/双流（ZUUU）　2011/01/08 06：00-PERM

① 前往 JTG 方向的离场的航空器，需具备按给定的离场程序过 JTG 高度不低于 4500 米的爬升性能。如不具备机组应在起飞后立即向 ATC 说明情况，ATC 将根据空中

飞行情况采取措施解决冲突。

② 前往 ZYG 方向执行 ZYG01D 离场的航空器需具备过 WFX 高度不低于 4500 米的爬升性能。如不具备机组应在起飞后立即向 ATC 说明情况，ATC 将根据空中飞行情况采取措施解决冲突。

成都/双流（ZUUU）　2020/01/04 12:01-PERM

本场 RWY02R/20L 设置两台激光驱鸟器：

① 一台在 02R 跑道入口以北 700 米，距跑道中线以东 160 米处。

② 一台在 02R 跑道入口以北 1300 米，距跑道中线以东 160 米处。

③ 激光设备发出绿色光束，夜间光束醒目，在 02R/20L 跑道东侧土质地带呈 Z 字形来回扫射，不穿越跑道。请提醒机组注意。

重庆/江北（ZUCK）　2020/01/09 02:30—2020/08/20 06:30　0230-0630

AJ 滑以南的 C 滑行道关闭，因维护。

重庆/江北（ZUCK）　2020/01/05 14:10—2020/12/07 23:59

长生桥 NDB ""WX""/306kHz 不提供使用。

重庆/江北（ZUCK）　2020/01/07 17:10—2020/12/31 23:59

RWY02L/20R NDB 进近程序不提供使用。

重庆/江北（ZUCK）　2020/01/07 17:03—2020/09/20 23:59

RWY02L/20R 跑道中线灯关闭，因施工。

重庆/江北（ZUCK）　2020/01/08 11:24—2020/09/29 23:59

RWY02L 一类精密进近灯光系统不工作。

重庆/江北（ZUCK）　2020/01/08 11:23—2020/09/29 23:59

RWY02L 一类仪表着陆系统不工作。

重庆/江北（ZUCK）　2020/01/08 11:22—2020/09/29 23:59

RWY02L 精密进近航道指示器（PAPI）不工作。

重庆/江北（ZUCK）　2020/01/08 11:21—2020/09/29 23:59

RWY02L 着陆入口灯不工作。

重庆/江北（ZUCK）　2020/01/08 11:21—2020/09/29 23:59

RWY02L 顺序闪光灯不工作。

重庆/江北（ZUCK）　2020/01/04 17:00—PERM

重庆机场 02L/20R 跑道 PCN 强度限制 B777-300ER 机型飞机 ACN 值为 52R/B，B777-300ER 机型在该跑道最大起飞重量限制值为 245560kg，请机组注意。

贵阳/龙洞堡（ZUGY）　2020/01/03 10:26—2020/12/31 12:00

101,102,103 号停机位关闭，因 T1 扩建施工。

贵阳/龙洞堡（ZUGY）　2020/01/08 15:37—2020/12/31 12:00

T1 航站楼吊装施工。区域在 RWY19 西侧，距 RWY19 入口以南 540～790m，距 RWY19 中心线以西 385～690m，吊装设备高度最高为 33m，提醒机组注意。

贵阳/龙洞堡（ZUGY）　2020/01/02 08：30—PERM

以下停机位名称变更：612A 变更为 612L，612B 变更为 612R，其余参数不变。

贵阳/龙洞堡（ZUGY）　2020/07/10 08：00—PERM

停机位名称变更：611A 变更为 611L，611B 变更为 611R，其余参数不变。

贵阳/龙洞堡（ZUGY）　2020/01/10 00：01—2020/01/10 08：00

本场航班结束后不接受备降，因本场跑道维护。如紧急情况下需要备降，请提前 30 分钟联系贵阳机场管制部门，联系电话：0000-00000000

昆明/长水 （ZPPP）　2020/01/01 01：00—2020/08/28 07：30 0100—0630 EVERY THU

F 滑行道关闭，因施工。

昆明/长水 （ZPPP）　2020/01/08 01：00—2020/08/28 07：30 0100—0630 EVERY DAY

RWY03/21 关闭，因施工。

昆明/长水（ZPPP）　2020/01/09 01：00—2020/08/26 07：30 0100—0630 EVERY TUED 滑行道关闭，因施工。期间，航空器可由 Q，S，U，D6，D7，D8，D9 滑行道穿越 D 滑行道。

昆明/长水 （ZPPP）　2020/01/09 01：00—2020/08/26 07：30 0100—0630 EVERY TUE

R 滑行道关闭，因施工。期间，航空器可由 E 、H2 、H3 、H4 滑行道穿越 R 滑行道。

昆明/长水（ZPPP）　2020/01/03 01：00—2020/08/31 07：30 0100—0730 EVERY TUE WED FRI SAT AND SUN

RWY04/22 不接受备降，因施工。

昆明/长水（ZPPP）　2020/01/10 00：00—2020/12/31 23：59

昆明进近管制范围内，高度 6000（ 不含）以下空域内实施目视间隔 试运行。

昆明/长水（ZPPP）　2020/01/10 00：00—2020/12/31 23：59

昆明塔台管制范围实施目视间隔试运行。

绵阳/南郊（ZUMY）　2020/01/10 05：05—2020/09/10 18：00

本场飞行区有鸟群活动：

① 鸽群主要出现在白天，集中于飞行区中部和西北端，飞行高度约 120 米。

② 家燕全场白天至傍晚均有成群出现，飞行高度约 50 米。

③ 白鹭雨后白天成群出现在飞行区中部和西北部端，飞行高度 5～120 米。

机场已开展驱鸟工作，请过往机组注意。

绵阳/南郊（ZUMY）　2020/01/02 16：43—2020/10/22 23：59

RWY14 MM 不提供使用。

绵阳/南郊（ZUMY）　2020/01/01 00：00—PERM

机场消防和救援等级为 6 级，请机组注意。

昌都/邦达（ZUBD）　2020/01/01 00:01—PERM

昌都 NDB""RG""/247kHz 限制性使用：186°，231°方位不提供使用。201°方位 8 海里以内和 13 海里至 16 海里之间以及 21 海里至 25 海里之间不提供使用。218°方位 13 海里以内不提供使用。

昌都/邦达（ZUBD）　2020/01/01 00:01—PERM

本场不提供加油服务。

昌都/邦达（ZUBD）　2020/01/01 00:01-PERM

本场取消常规运行，强制实施 RNP AR 运行，因其他用户占用空域。

拉萨/贡嘎（ZULS）　2020/01/10 07:00—PERM

A3 滑行道只允许翼展 58 米（含）以下的机型运行。

拉萨/贡嘎（ZULS）　2020/01/06 14:20—2020/10/01 23:59

夏候鸟迁徙：高度 10 至 150 米，上午 07:00 至 09:00 由北至东南角或西南角穿场。

中午 11:40 至 13:30 有少量夏候鸟穿场。晚上 19:00 至 21:00 有大量 夏候鸟由南至北穿场。穿越本场飞行区域，对飞行构成威胁，请各航空公司机组注意观察。

拉萨/贡嘎（ZULS）　2020/01/10 10:34—PERM

① RWY27R 跑道入口以西 1800m，跑道中心线以北 112.5m 处设置一个激光驱鸟器，高出地面 1.8m，激光驱鸟器工作时，会向地面发射出绿色激光驱赶鸟类。

② 设备开放时间按照夏冬两季

调整：夏季为 06:00—08:00，21:00—24:00。

冬季为 06:30—08:30，20:30—23:30。

拉萨/贡嘎（ZULS）　2020/01/06 00:01—PERM

本场取消航班引导车服务。

拉萨/贡嘎（ZULS）　2020/01/01 00:01—PERM

本场取消常规运行，强制实施 RNP AR 运行，因其他用户占用空域。

（3）航图信息

轻轻刮开贴在封底的刮刮卡，扫描露出的二维码即可在线查看航图信息。

---

3. 问题

（1）该航班能否放行？运行决策是什么？

（2）备降场选择哪一个？

（3）该航班需要关注哪些方面？

（4）如果 ETD 变更为 1245（北京时间），航班能否按时起飞？

（5）如果航班可以放行，请填写签派放行单和 FPL。

4.5.2　实验 4.16

1. 航班基本信息模拟

航班基本信息见表 4-16。

表 4-16　航班基本信息

航班信息	航班号:MU3121	
	机型:B738	
	航线:包头—通辽	
	班表时间:4 月 21 日 ETD0900—ETA1045(北京时间)	
机组信息	机长:1 名　　　副驾驶:2 名	
飞机故障信息	高度告警系统保留(MEL 22-11-11)	
备注信息	无	

2. 放行资料

(1) 气象报文

METAR ZBOW 210100Z 14003MPS 500 FG 20/09 Q1010 NOSIG＝

METAR ZBOW 210000Z 15003MPS 120V190 500 FG 20/09 Q1010 NOSIG＝

TAF ZBOW 202201Z 210009 12003MPS 600 FG TX16/12Z TN12/21Z BECMG
0102 800 0203 1500 BR＝

METAR ZBDS 210100Z 07004MPS 800 FG SCT040 18/08 Q1011 NOSIG＝

METAR ZBDS 210000Z 07003MPS 1000 FG 18/08 Q1011 NOSIG＝

TAF ZBDS 202201Z 210009 09003MPS 800 FG TX18/09Z TN10/18Z BECMG
0102 2000 BR＝

METAR ZBHH 210100Z 09008MPS 9999 FEW040 17/07 Q1012 NOSIG＝

METAR ZBHH 210000Z 09007MPS 9999 FEW040 19/08 Q1011 NOSIG＝

TAF ZBHH 202201Z 210009 08004MPS 9999 FEW040 TX14/12Z TN08/21Z＝

METAR ZBYN 210100Z 08007MPS 9999 BKN033 19/13 Q1009 NOSIG＝

METAR ZBYN 210030Z 07007MPS 030V090 9999 BKN033 19/14 Q1008 NOSIG＝

TAF ZBYN 202201Z 210009 07004G10MPS 5000 BR SCT040 TX16/12Z TN13/21Z＝

METAR ZBTL 210100Z 20006MPS CAVOK 12/M01 Q1021 NOSIG＝

METAR ZBTL 210000Z 21006MPS 040V100 CAVOK 13/M01 Q1021 NOSIG＝

TAF ZBTL 202201Z 210009 21007MPS CAVOK TX11/09Z TN07/18Z＝

METAR ZYTX 210100Z 01006MPS 5000-RA OVC040 10/09 Q1018 NOSIG＝

METAR ZYTX 210030Z 01007MPS 6000-RA OVC040 11/09 Q1017 NOSIG＝

TAF ZYTX 202201Z 210009 01005MPS 3000-SHRA FEW033CB BKN040 TX09/

12Z TN04/21Z TEMPO 1216 2000 SHRA FEW030CB BKN040＝

METAR ZYCC 210100Z 06005MPS 9999 FEW030 11/03 Q1021 NOSIG＝

METAR ZYCC 210000Z 04006MPS 9999 FEW030 12/02 Q1021 NOSIG＝

TAF ZYCC 202201Z 210009 06004MPS 7000 SCT030 TX09/12Z TN05/21Z＝

METAR ZYHB 210100Z 02006MPS CAVOK 12/M05 Q1022 NOSIG＝

METAR ZYHB 210000Z 02006MPS CAVOK 13/M04 Q1021 NOSIG＝

TAF ZYHB 202201Z 210009 05004G10MPS 6000 SCT030 TX09/12Z TN02/21Z＝

（2）航行通告

包头 202003091001-202005092359

本场有鸟类活动。离地高度大约 0～200m。请机组注意观察。

包头 202003021101-202006042359

本场 01 号，02 号停机位关闭，因施工。

ZBDS（鄂尔多斯）没有选定时段内开始生效的通告

呼和浩特/白塔 202004200130-202004260600 0130-0600 DLY

本场不接受备降，因道面维护。

呼和浩特/白塔 202004170914-202004281200

24 号停机位关闭，因道面修补。

呼和浩特/白塔 202004100700-202007091830 0700-0930 AND 1600-1830 DLY

本场有鸟类活动，有鸦科（乌鸦、喜鹊等）、百灵科鸟群在飞行区周边活动，数量约500～700只，飞行时离地高度大约集中在 30～100 米，尤其每日清晨及 黄昏时段穿越起落航线，提醒机组注意避让鸟群。

呼和浩特/白塔 202002221000-202012312359

本场使用土木尔台 12D（TMR12D）程序离场的航空器，未经 ATC 许可，必须过HET 台后才可以加入离场航线。

太原/武宿 202004090300-202005280630 0300-0630 DLY

本场不接收备降航班，因跑道道面修补。

太原/武宿 202002010000-永久

ATIS 工作时间调整为：H24。

太原/武宿 202004210600-202004210900

本场不接收备降航班，因机位紧张。

太原/武宿 202002010000-永久

塔台地面席 GND 工作时间调整为：06：30—23：59。

太原/武宿 202012070000-永久

参阅 NAIP 航图手册太原/ 武宿机场 ZBYN-7B（2020-11-1），NDB/DME RWY31 程序撤除。

通辽 202004021709-永久

通辽 VOR/DME 'TGO' 116.3MHz/CH110X 限制使用：

DME036°径向线距台 25～30 海里不可用，仅影响本场进离场程序，航线飞行不受影响。

通辽 202011300912-202005302359

RVR 不工作，因故障。

沈阳/桃仙 202011090000-永久

沈阳桃仙机场 PBN 飞行程序正式运行。

长春/龙嘉 202003311326-202006302359（大约）

RWY06 航向信标 'IDD' 109.3MHz 限制性使用：

航向信标前航道右侧（一）28°以外不可用。

长春/龙嘉 202003311325-202006302359（大约）

RWY24 DME 'IPP'/CH38X 限制性使用：

DME 199°径向线顺时针至 238°径向线之间不可用。

长春/龙嘉 202004202030-202004230600（大约）1830-0600（NEXT DAY）

本场 202、203、204、205、206、207、208、209、210 号停机位关闭，因高杆灯线路故障。

长春/龙嘉 202004210130-202005160600 0130-0600 DLY

RWY06/24 关闭，因机场二期扩建灯光工程施工。

ZYHB(哈尔滨)没有选定时段内开始生效的通告。

（3）航图信息

> 轻轻刮开贴在封底的刮刮卡，扫描露出的二维码即可在线查看航图信息。

3. 问题

（1）该航班能否放行？运行决策是什么？备降场选择哪一个？

（2）如果通辽实况预报能见度均为 4500 米，航班能否放行？

（3）该航班飞行高度层是多少？

（4）如果航班可以放行，请填写签派放行单和 FPL。

4.5.3 实验 4.17

1. 航班基本信息模拟

航班基本信息见表 4-17。

表 4-17 航班基本信息

航班信息	航班号：MU3116
	机型：A320
	航线：兰州—西安
	班表时间：8 月 21 日 ETD1500—ETA1600(北京时)

续表

机组信息	机长:1 名 副驾驶:2 名			
飞机故障信息	适航			
备注信息	计算机计划油量等数据(单位 LB):			
	MTOW 167550	MLDW 144000	MZFW 138300	OEW 96033
	最大起飞重	最大着陆重	最大无油重	干使用重
	BRWT 158700	LDGWT 140780	ZFWT 124561	PLD 28527
	实际起飞重	实际着陆重	实际无油重	实际业载

2. 放行资料

(1) 气象报文

METAR ZLLL 210700Z 18005MPS 070V180-TSRA BKN020 26/12 Q1013 NOSIG
=

METAR ZLLL 210600Z 19004MPS 080V240-RA FEW023 25/13 Q1013 NOSIG=

TAF ZLLL 210400Z 210615 17006MPS 6000-RA SCT040 TX26/07Z TN14/15Z
TEMPO 0610-TSRA=

METAR ZLIC 210500Z 04004MPS 360V070 CAVOK 21/13 Q1011 NOSIG=

METAR ZLIC 210400Z 02004MPS 350V050 CAVOK 20/15 Q1012 NOSIG=

TAF ZLIC 210402Z 210615 03004G09MPS 8000 NSC TX25/06Z TN12/15Z=

TAF ZLIC 210308Z 210606 02004MPS 8000 NSC TX24/08Z TN11/23Z=

METAR ZLXY 210500Z VRB01MPS 9999 FEW030 SCT040 25/17 Q1007
NOSIG=

METAR ZLXY 210400Z 00000MPS 8000 FEW026 23/15 Q1007 NOSIG=

TAF ZLXY 210416Z 210615 23003MPS 4000 HZ NSC TX27/07Z TN16/15Z=

METAR ZBYN 200730Z 16002MPS 130V210 2000-SHRA BR SCT004 18/15
Q1009 NOSIG=

METAR ZBYN 200700Z 13002MPS 090V170 1900 BR BKN005 18/15 Q1009 NOS-
IG=

TAF ZBYN 200710Z 2009183 09003MPS 1800-RA SCT004 TX17/03Z TN15/22Z
TEMPO 1012 2500-TSRA BR=

METAR ZHCC 200700Z 10001MPS 6000 NSC 20/19 Q1007 NOSIG=

METAR ZHCC 200600Z VRB01MPS 8000-RA NSC 20/19 Q1007 NOSIG=

TAF ZHCC 200710Z 200918 18003MPS 6000-RA OVC030 TX21/03Z TN17/22Z=

(2) 航行通告

兰州/中川 202004120200-202007110630 0150-0630 DLY

机场关闭,因施工。

兰州/中川 202003010000-202005312359 (大约)

因停机位紧张,机场不接收通用航空飞行,紧急情况除外。

兰州/中川 202002010800-永久

数字化放行系统(DCL)正式运行。

西安/咸阳 202002071535-202008062359

T1 滑行道关闭,因维护。

西安/咸阳 202001292200-202005282359（大约）

RWY23R 中指点标不工作。

西安/咸阳 202001292200-202005282359（大约）

RWY05L 中指点标不工作。

太原/武宿 202004090300-202005280630 0300-0630 DLY

本场不接收备降航班,因跑道道面修补。

太原/武宿 202002010000-永久

ATIS 工作时间调整为:H24。

太原/武宿 202002010000-永久

塔台地面席 GND 工作时间调整为:06:30—23:59。

太原/武宿 202012070000-永久

参阅 AIP 航图手册太原/武宿机场 ZBYN-7B(2020-11-1),NDB/DME RWY31 程序撤除。

太原/武宿 202006200000-202007302359（大约）

由于武宿机场新航站楼施工塔吊影响,临时提高 13 号跑道 ILS-Ⅰ类精密进近着陆最低标准。具体数据如下:

	A 类	B 类	C 类	D 类
OCH	70 米	83 米	86 米	89 米
DH	70 米	85 米	90 米	90 米
DA	449 英尺	466 英尺	482 英尺	482 英尺
VIS	1100 米	1200 米	1200 米	1200 米

太原/武宿 202006200000-202007302359（大约）

由于武宿机场新航站楼施工塔吊影响,临时提高 36 号跑道 ILS-Ⅰ类精密进近着陆最低标准。具体数据如下:

	A 类	B 类	C 类	D 类
OCH	87 米	90 米	93 米	96 米
DH	90 米	90 米	95 米	100 米
DA	492 英尺	492 英尺	509 英尺	525 英尺
VIS	1000 米	1300 米	1300 米	1300 米

郑州/新郑 202003110230-202006250530 02:30—05:30(EVERY SUN AND MON)
因维护,关闭下列滑行道。

① H,H1,H2,H4,H6,H8,H11,G4,G5,R3,R4 滑。

② S1 滑与 H 滑之间的 S 滑行道。

③ S1 滑与 H 滑之间的 U 滑行道。

郑州/新郑 202003110230-202006250530   02:30—05:30(EVERY SUN AND MON)

RWY12R/30L 关闭,因维护。维护期间进行助航灯光调试,机组注意避免落错跑道。

郑州/新郑 202002271042-202005312359 替代 C4701/17

临汝 VOR/DME 'LRU' 116.4MHz/CH111X 不提供使用,因维护。

ZLIC(银川)没有选定时段内开始生效的通告!

(3) 航图信息

> 轻轻刮开贴在封底的刮刮卡,扫描露出的二维码即可在线查看航图信息。

3. 问题

(1) 该航班能否放行? 运行决策是什么?

(2) 兰州起飞限载是多少? 你建议采用怎样的机组起飞方式? 什么是湿跑道?

(3) 太原机场是否可以选为西安的备降场? 原因是什么?

(4) 如果航班可以放行,请填写签派放行单和 FPL。

4.5.4 实验 4.18

1. 航班基本信息模拟

航班基本信息见表 4-18。

表 4-18 航班基本信息

航班信息	航班号:MU3116
	机型:A320
	航线:郑州—西安
	班表时间:5 月 24 日 ETD0700—ETA0815(北京时)
机组信息	机长:1 名 副驾驶:2 名
飞机故障信息	适航
备注信息	机组资质:机长—RVSM、RNP APCH、RNAV、CAT II、RVR550、一般高原机场资格、ADSB、A 类教员、副驾—RVSM、RNP APCH、RNAV、CAT II、一般高原机场资格、ADSB

2. 放行资料

(1) 气象报文

METAR ZHCC 232300Z 04003G08MPS 360V080 4000 BR NSC 14/12 Q1020 NOS-IG=

METAR ZHCC 232200Z 01003MPS 340V040 5000 BR NSC 14/11 Q1021 NOSIG＝

TAF ZHCC 232206Z 23000906 03004MPS 4000 BR NSC TX20/06Z TN12/22Z＝

TAF ZHCC 231907Z 240024 03004MPS 4000 BR NSC TX20/07Z TN12/22Z＝

METAR ZLXY 232300Z 22003MPS 300 05R/R500N 23R/400N FG 15/14 Q1020 NOSIG＝

METAR ZLXY 232200Z 00000MPS 300 05R/R500N 23R/400N FG 15/14 Q1020 NOSIG＝

TAF ZLXY 232206Z 232106 24003MPS 600 FG TX17/06Z TN14/21Z BECMG 0102 1000 BR＝

TAF ZLXY 231535Z 231818 26003MPS 2400-RA BR FEW020 OVC050 TX17/08Z TN13/18Z BECMG 0506 3000 BR＝

METAR ZBYN 232300Z 03003MPS CAVOK 13/08 Q1022 NOSIG＝

METAR ZBYN 232230Z 05004MPS CAVOK 13/07 Q1021 NOSIG＝

TAF ZBYN 232201Z 232106 07004MPS 5000 HZ NSC TX17/06Z TN11/22Z＝

TAF ZBYN 231901Z 240024 07004MPS 5000 HZ NSC TX18/07Z TN09/22Z＝

METAR ZLIC 232300Z 33002MPS 9999-RA BKN050 08/06 Q1026 NOSIG＝

METAR ZLIC 232200Z 32002MPS 9999-RA BKN050 08/06 Q1026 NOSIG＝

TAF ZLIC 232205Z 232106 02004MPS 8000-RA SCT050 TX17/06Z TN07/23Z＝

TAF ZLIC 231906Z 240024 02004MPS 8000 SCT050 TX20/08Z TN07/23Z＝

METAR ZLLL 232300Z 19002MPS 9999-RA SCT009 OVC033 04/04 Q1027 NOSIG＝

METAR ZLLL 232200Z VRB01MPS 9999-RA SCT009 OVC033 05/04 Q1028 NOSIG＝

TAF ZLLL 232201Z 231803 01003MPS 8000 OVC040 TX06/03Z TN02/23Z＝

TAF ZLLL 231504Z 231818 36003MPS 8000 SCT040 TX15/09Z TN02/23Z＝

（2）航行通告

郑州/新郑 202003110230-202006250530 02:30—05:30(EVERY SUN AND MON)

RWY12R/30L 关闭,因维护。维护期间进行助航灯光调试,机组注意避免落错跑道。

郑州/新郑 202002271042-202005312359 替代 C4701/17

临汝 VOR/DME 'LRU' 116.4MHz/CH111X 不提供使用,因维护。

西安/咸阳 202002071535-202008062359

T1 滑行道关闭,因维护。

西安/咸阳 202001292200-202005282359（大约）

RWY23R 中指点标不工作。

西安/咸阳 202001292200-202005282359（大约）

RWY05L 中指点标不工作。

太原/武宿 202004090300-202005280830　0300-0830 DLY

本场不接收备降航班,因跑道道面修补。

太原/武宿 202002010000-永久

ATIS 工作时间调整为:H24。

太原/武宿 202002010000-永久

塔台地面席 GND 工作时间调整为:06:30—23:59。

太原/武宿 202012070000-永久

参阅 AIP 航图手册太原/武宿机场 ZBYN-7B(2020-11-1),NDB/DME RWY31 程序撤除。

太原/武宿 202006200000-202007302359(大约)

由于武宿机场新航站楼施工塔吊影响,临时提高 13 号跑道 ILS-Ⅰ类精密进近着陆最低标准。具体数据如下:

	A 类	B 类	C 类	D 类
OCH	70 米	83 米	86 米	89 米
DH	70 米	85 米	90 米	90 米
DA	449 英尺	466 英尺	482 英尺	482 英尺
VIS	1100 米	1200 米	1200 米	1200 米

太原/武宿 202006200000-202007302359(大约)

由于武宿机场新航站楼施工塔吊影响,临时提高 36 号跑道 ILS-Ⅰ类精密进近着陆最低标准。具体数据如下:

	A 类	B 类	C 类	D 类
OCH	87 米	90 米	93 米	96 米
DH	90 米	90 米	95 米	100 米
DA	492 英尺	492 英尺	509 英尺	525 英尺
VIS	1000 米	1300 米	1300 米	1300 米

郑州/新郑 202003110230-202006250530   02:30—05:30(EVERY SUN AND MON)

因维护,关闭下列滑行道:

① H,H1,H2,H4,H6,H8,H11,G4,G5,R3,R4 滑。

② S1 滑与 H 滑之间的 S 滑行道。

③ S1 滑与 H 滑之间的 U 滑行道。

兰州/中川 202004120200-202007110630 0150—0630 DLY

机场关闭,因施工。

兰州/中川 202003010000-202005312359(大约)

因停机位紧张,机场不接受通用航空飞行,紧急情况除外。

兰州/中川 202002010800-永久

数字化放行系统(DCL)正式运行。

ZLIC(银川)没有选定时段内开始生效的通告!

(3) 航图信息

> 轻轻刮开贴在封底的刮刮卡,扫描露出的二维码即可在线查看航图信息。

3. 问题

(1) 该航班能否放行?

(2) 如果飞机"自动油门预位电门"保留,对航班有何影响? 运行决策是什么?

(3) 在已知目的地机场实行二类运行时,签派员应该做些什么?

(4) 如果航班可以放行,请填写签派放行单和 FPL。

第 5 章

简易手工飞行计划实践

实验 5.1

1.飞机基本信息

航班基本信息见表 5-1。

表 5-1　航班基本信息

机型	A320-232	飞机注册号	B1269
最大限制飞行高度	39800ft	机组标准配置	3/6
干使用重量	44000 kg	客舱布局	C18Y162
MTOW	77000 kg	MZFW	61000 kg
MLWD	64500 kg	油箱最大容积	18696 kg
滑行耗油	100kg/10 分钟	MEL	有 MEL 保留
风速限制	侧风 38 节　　顺风 10 节（均包含阵风）		

2. 放行评估信息

经过签派员的签派放行评估,本次航班的签派放行结果如表 5-2 所示,供读者参考。

表 5-2　放行评估信息

航段	ZUCK-ZPJH	航班号	AB7803
航段距离	700NM	飞行高度	FL341
ETD(PKT)	0800	巡航速度	M. 78
飞机状态	MEL 49-10-01A	航段高空风/温	静风＋标准 ISA
额外燃油	0	QNH	1003
平均滑行时间	10 分钟	备降航段高空风	静风
跑道情况	湿跑道	RAIM 值预测	部分时段不提供服务
部分航段飞行时间	ZUCK-APUKI	25 分钟	APUKI-IDSID	15 分钟

续表

RAIM 值预测	AIRPORT：ZUCK MASKANGLE(degree)： 5.000000 RNP0.30：available from 2001150000Z to 2001150000Z except for 2001150925Z to 2001150925Z RNP1.00：available from 2001150000Z to 2001150000Z AIRPORT：ZPJH MASKANGLE(degree)：5.000000 RNP0.30/1.00：available from 2001150000Z to 2001150000Z except for 2001150215Z to 2001150300Z

计算条件：

(1) 按照 CCAR121-R6 运行规则，油量查询按照对应阶段的地面重量查询且无须使用迭代法，不考虑不可预期燃油的油耗，小数点四舍五入取整。

(2) 假设起飞、备降机场均按标准一类盲降 DH60VIS800 或等效 RVR550 标准掌握，起飞标准 VIS/RVR400 米，所有机场天气实况在 0800—1200 期间维持不变，航路无任何特殊天气状况。

(3) 除题中给出的天气、通告和 MEL 限制外，其他条件均满足航班运行。

(4) 航路走向：ZUCK UNRIX W180 BONSA W91 IDSID W30 HX G212 XFA A581 BIDRU ZPJH。

(5) 所经航路点：ZUCK UNRIX BONSA APUKI MAVRA IDSID HX MEBNA XFA SGM ELASU BIDRU ZPJH。

(6) 起飞条件：跑道 02L、构型 CONF 2、防冰关、空调开、风速 0KT、湿跑道、QNH1003、温度 12℃。

3. 气象报文

METAR ZUCK 150000Z 11002MPS 0300 R02L/0400-RA FEW040 12/11 Q1003 NOSIG＝

TAF ZUCK 142102Z 1500/1524 04003MPS 1000-RA SCT020 TX15/1508Z TN05/1522Z＝

METAR ZPJH 150000Z 16007MPS CAVOK 25/21 Q1011 NOSIG＝

TAF ZPJH 142102Z 1500/1524 16007MPS 9999 FEW023 TX34/1508Z TN21/1500Z TEMPO 1504/1505-TSRA FEW023CB SCT023＝

METAR ZUUU 150000Z 22002MPS 170V270 1500 NSC 23/16 Q1008 NOSIG＝

TAF ZUUU 142102Z 1500/1524 20003MPS 1500 SCT050 TX32/1507Z TN18/1522Z＝

METAR ZLXY 150000Z VRB01MPS 1500 23/13 Q1005 NOSIG＝

TAF ZLXY 142112Z 1500/1524 06003MPS 1000 HZ NSC TX31/1508Z TN17/1522Z

METAR ZUGY 150000Z 02002MPS 3000 FEW015 OVC040 17/15 Q1011

NOSIG＝

TAF ZUGY 142108Z 1500/1524 18004MPS 3000 BKN040 TX26/1507Z TN16/1522Z＝

METAR ZPPP 150000Z 24007MPS 200V280 CAVOK 18/10 Q1017 NOSIG＝

TAF ZPPP 142105Z 1500/1524 23008MPS 9999 SCT026 TX28/1508Z TN14/1523Z＝

METAR ZPLJ 150000Z 11012G20MPS CAVOK 19/04 Q1018 NOSIG＝

TAF ZPLJ 142105Z 1500/1524 11010G21MPS 9999 SCT040 TX27/1508Z TN20/1512Z TEMPO 1508/1512 FEW040CB SCT040＝

业载和备降信息见表 5-3。

表 5-3   业载和备降信息

业载信息	成人:150	儿童:2	婴儿:2	货物	行李	机组 3/7
重量	75kg/人	36kg/人	10kg/人	1100kg	478kg	80kg/人

备降航路信息			
ZUCK-ZPJH			
ALT	DIST(NM)	备降耗时	备降耗油
ZPJH-ZPPP	330	50min	2300kg
ZPJH-ZPLJ	350	55min	2400kg
ZPJH-ZUGY	550	1h15min	3300kg

备注:1. 重庆机场标高 1300ft。2. 丽江机场跑道号:02/20。

4. 航行通告

重庆/江北 202001140949-202005312359

RWY02R 不能用于降落。

重庆/江北 202001141200-202005202000

1200-1800 DLY

停机位 701-714 禁止航空器进出,因施工。

重庆/江北 202001140951-202005312359

RWY02R 跑道接地带灯不工作。

重庆/江北 202001140950-202005312359

RWY02R 进近灯光系统不工作

西双版纳/嘎洒 202001150040-202006160600

0040-0600 DLY

RWY16/34 关闭,因施工。

西双版纳/嘎洒 202001151103-202006160600

A1 滑行道关闭,因施工。

西双版纳/嘎洒 202001150040-202008180600

0040-0600 DLY

A2 滑行道关闭,因施工。

西双版纳/嘎洒 202001150040-202001152000

因油库输油管路改造燃油停供,本场不提供加油服务。

西双版纳/嘎洒 202001150100-202001152000

RWY16 ILS 不工作,因故障。

成都/双流 202001120200-202005170600

0200-0600 ON 12 14 16 AND 17

RWY02L/20R 关闭,因维护。

成都/双流 202001130200-202005180600

机场不接收非紧急情况的航班备降,因停机位紧张。

RWY02L 或 RWY20L 使用公布程序可以实施缩减间隔连续离场。

西安/咸阳 202001150000-202005160600

0000-0600 DLY

RWY05R/23L 关闭,因维护。

西安/咸阳 202001012025-202009030845

RWY05L 中指点标不提供使用。

西安/咸阳 202001012020-202009030845

RWY23R 中指点标不提供使用。

贵阳/龙洞堡 202001110125-202009300615

0125-0615 DLY

RWY01/19 关闭,因施工。

贵阳/龙洞堡 202001111404-202007311356

本场 HUD 低能见度运行起飞标准不提供使用。

昆明/长水 202001010130-202005300630 0130-0630 EVERY TUE FRI AND SAT

RWY03/21 关闭,因例行维护。

昆明/长水 202001131424-202009302359

本场不接收公务机和通用飞行停场过夜,基地公务机公司和特殊情况除外。

昆明/长水 202001150100-202001152000

因设备故障,本场暂不提供电气源车保障。

丽江/三义 202001041017-202009302359

机场使用桩机进行地基处理施工,施工区域如下:

距 RWY02 跑道入口以南 300～560 米,距跑道中心线延长线西侧 40 米至东侧 160 米的矩形区域

丽江/三义 202001101518-202005212000

7 号停机位不提供使用,因廊桥维修。

昆明情报区 202001150815-202001151720

下列航路(线)段高度在 6000M(不含)以下,7200M(含)至 9200M(含)禁航:

① A599 航路(MAKUL-MEPAN)段

② A581 航路(NOKET-六盘水 VOR'LPS')段

③ G212 航路(盘龙 VOR'XFA'-MEBNA)段

昆明情报区 202001150800-202001150900

下列航路(线)段禁航:

① W91 航线(APUKI-IDSID)段禁航

② H90 航线(BUBSU-西山 VOR'SGM')段

5. 航图和性能图表

> 轻轻刮开贴在封底的刮刮卡,扫描露出的二维码即可在线查看航图和性能图表。

6. 问题

(1) 请确定航班在西双版纳机场着陆标准并说明理由。

(2) 请确定备降场并说明理由。

(3) 请计算航班业载。

(4) 请计算航班无油重量和最后储备燃油。

(5) 请计算 AB7803(ZUCK-ZPJH)航班的航程燃油和不可预期燃油。

(6) 根据资料,请确定 AB7803(ZUCK-ZPJH)航班的最早预计起飞时间并说明原因。

(7) 请计算 AB7803(ZUCK-ZPJH)航班的轮挡油量,并说明原因。

(8) 根据资料,请确定 AB7803(ZUCK-ZPJH)航班在重庆起飞重量并说明原因。

(9) 根据起飞分析表,请确定 AB7803(ZUCK-ZPJH)航班的 V1/VR/V2 的速度(不考虑使用灵活温度)。

(10) 编写 AB7803(ZUCK-ZPJH)航班 FPL 报。

实验 5.2

1.飞机基本信息

航班基本信息见表 5-4。

表 5-4　航班基本信息

航班信息	航班号：AB1234
	机型：A320
	航线：三亚—重庆
	班表时间：12 月 2 日 ETD1600—ETA1830（北京时间）
机组信息	机组标准配置
飞机故障信息	MEL 34-40-04A
航路距离	1000 海里
旅客	170 人
货舱	行李 2 吨、货物 3.5 吨
MTOW	75500 kg
MZFW	62500 kg
MLW	66000 kg
油箱最大容积	18696 kg
巡航方式	LRC
航路距离	1000 海里
航路天气	标准 ISA、逆风 50 节

2. 天气信息

METAR ZUCK 020600Z 15003MPS 120V180 1000 BR FEW033 2/1 Q1018 NOSIG
=

TAF ZUCK 020615Z 020918 03003MPS 2000 BR SCT040 TX02/12Z TN01/21Z=

METAR ZUUU 020600Z 19003MPS 160V230 1800 FEW033 2/1 Q1018 NOSIG=

TAF ZUUU 020615Z 020918 20003MPS 2000 BR SCT040 TX2/12Z TN01/21Z
TEMPO 1821-SHRA FEW030CB SCT030=

METAR ZUGY 020600Z 35004MPS 1600 BKN002 OVC033 03/02 Q1021
NOSIG=

TAF ZUGY 020615Z 020918 03004MPS 2000 BKN002 OVC003 TX03/12Z TN01/
21Z=

METAR ZLXY 020600Z 13003MPS 070V210 1800 02/M01 Q1020 NOSIG=

TAF ZLXY 020615Z 020918 06003MPS 3000 HZ NSC TX02/12Z TN01/21Z=

METAR ZJHK 020600Z 08004MPS 040V100 2000 FEW030CB 07/06 Q1010 NOS-
IG =

TAF ZJHK 020615Z 020918 16003MPS 2000 SCT020 TX08/12Z TN05/21Z=

METAR ZJSY 020600Z 26006MPS 450 05/03 Q1011 NOSIG=

TAF ZJSY 020615Z 020918 26006MPS 500 FEW018 TX04/12Z TN02/21Z＝

METAR ZGZJ 020600Z 11004MPS 070V160 1300 SCT023 FEW030CB 07/05 Q1011＝

TAF ZGZJ 020615Z 020918 13004MPS 1300 BKN015 TX07/06Z TN03/21Z＝

以上机场实况及预报从 06-09 点维持不变。

3. 航行通告信息

ZJHK 1812020513-1812022359 机场不接收非紧急情况的航班备降,因停机位紧张;

ZUUU 1812020513-1812022359 机场不接收非紧急情况的航班备降,因停机位紧张;

三亚起飞至 A 点 1 小时,三亚起飞至 B 点 2 小时,A 点至 B 点因空军活动 17—18 点(北京时间)全高度禁航,且不同意绕飞。

备注:

(1) 所有机场均按标准一类盲降 DH60VIS800 或等效 RVR550 标准掌握,起飞标准 VIS/RVR400 米;

(2) 重庆—贵阳备降油量 2 吨;

(3) 重庆—成都备降油量 2.5 吨;

(4) 重庆—西安备降油量 3 吨;

(5)30 分钟最后储备油 1.2 吨。

4. 航图和性能图表

> 轻轻刮开贴在封底的刮刮卡,扫描露出的二维码即可在线查看航图和性能图表。

5. 问题

(1) 航行通告有什么影响?

(2) 请确定起飞备降场。

(3) 请确定目的地备降场。

(4) 请计算业载。

(5) 请计算无油重量。

(6) 请计算目的地机场着陆重量。

(7) 请计算起飞重量及航线耗油。

(8) 根据三亚天气,请确定起飞跑道并做机场分析。

(9) 请计算放行油量和起飞 $V_1/V_2/V_3$。

实验 5.3

1. 飞机基本信息

航班基本信息见表 5-5。

表 5-5　航班基本信息

机型	B737-800	飞机注册号	B-5117
标准机组配置	3/5	客舱布局	F8W168
干使用重量	43544kg	MTXW	75069kg
MTOW	74842kg	MZFW	61688kg
MLWD	65317kg	油箱最大容积	20299kg
最大商载	18144kg	滑行耗油	600kg/H

2. 航班信息

业载和备降信息见表 5-6。

表 5-6　业载和备降信息

航班号	CZ8390		航段		ZPPP-ZLXY	
航段距离	952km		ETD(UTC)		2020 年 4 月 20 日 0005	
TTK	36°		巡航方式		LRC(主航段和备降航段)	
起飞条件	襟翼 01　防冰关 空调开					
业载信息	成人：=120	儿童：=3	婴儿：=0	货邮：	机组:3/7	
重量	75kg/人	36kg/人	10kg/人	2178kg	85kg/人	
FL	W/C(KT)	ISA	FL	W/C(KT)	ISA	
F301	M15	ISA+0	F291	P15	ISA+0	
F281	M15	ISA+0	F271	P15	ISA+0	
备降机场信息						
ALT	DIST(KM)		W/C（KT）		飞行高度层	
ZLXY-ZLIC	350		M25		FL256	
ZLXY-ZLLL	324		M25		FL256	
ZLXY-ZHCC	224		P15		FL226	
ZLXY-ZBYN	363		P10		FL246	
ZLXY-ZHLY	259		P15		FL226	
ZPPP-ZUGY	243		P10		FL226	
ZPPP-ZUUU	401		P25		FL246	
ZPPP-ZUCK	507		P25		FL246	
ZPPP-ZGNN	536		P25		FL246	

主航段信息：

昆明长水经 DADOL、W144KAKMI、G212 富家场（FJC）、H154 五凤溪（WFX）、W29TOGREG、H142 宁陕（NSH）到西安咸阳,航路最低飞行高度 4950 米。请根据条件选取合适的巡航高度层。

（1）所有政策均按照 CCAR-121 执行，除特殊说明外，飞机其他设备、机场设施均工作正常；

（2）飞行机组为双人制，责任机长的 A320 机型机长经历时间为 2000H，B737 机长经历时间为 85H，资深副驾驶的 A320 机型机长经历时间为 800H，B737 经历时间为 150H；

（3）主航段以及备降段巡航模式为 LRC，爬升油量及下降油量不计；

（4）所有机场均为单跑道运行，跑道两头均只安装有 ILS，着陆标准均为 Ⅰ 类 ILS： DH/RVR/VIS60/550/800；

（5）B737-800 静风中单发巡航速度假设为 521KM/H；

（6）主航路以及备降航路均无降水、颠簸、积冰等天气现象。

3. 天气信息

METAR ZPPP 200000Z 03002MPS 1400 BR FEW006 BKN033 OVC050 16/02 Q1014 NOSIG=

TAF ZPPP 20013Z 200009 02002MPS 1500 BR FEW006 TX28/08Z TN17/00Z ＝

METAR ZLXY 200000Z 00000MPS 3000 BR FEW006 BKN033 OVC050 12/11 Q1012 NOSIG=

TAF ZLXY 20018Z 200009 24003MPS 3000 BR FEW006 BKN033 OVC050 TX18/ 07Z TN13/00Z BECMG 0406 5000 BR SCT020=

METAR ZUUU 200000Z VRB01MPS 5000 BR FEW040 22/20 Q1004 NOSIG=

TAF ZUUU 20002Z 200009 02004MPS 5000 BR SCT040 TX23/07Z TN19/00Z TEMPO 0003 FEW030CB SCT040=

METAR ZUCK 200000Z 11004MPS 070V140 6000-TSRA FEW002 SCT008 FEW040CB BKN046 19/19 Q1002 RESHRA NOSIG=

TAF ZUCK 20010Z 200009 09003MPS 3500-SHRA BR SCT010 OVC040 TX21/ 08Z TN19/00Z TEMPO 0004 2000 SHRA BR FEW002 SCT008 FEW030CB OVC040=

METAR ZUGY 200000Z 04001MPS 3000 BR SCT001 BKN002 18/18 Q1007 NOS-IG=

TAF ZUGY 192310Z 200009 18005MPS 4000 BR SCT001 BKN002 TX29/07Z TN19/00Z=

METAR ZGNN 200000Z VRB01MPS 9999 SCT010 SCT040 27/24 Q1002 NOSIG=

TAF ZGNN 200005Z 200009 16004MPS 7000 SCT030 TX34/07Z TN26/00Z=

METAR ZLIC 200000Z 19003MPS 3000 BR FEW050 14/06 Q1013 NOSIG=

TAF ZLIC 200017Z 200009 23004MPS 4000 BR NSC TX25/07Z TN14/00Z=

METAR ZLLL 200000Z 27002MPS 1600 BR SCT010 SCT040 08/06 Q1020 NOSIG =

TAF ZLLL 200013Z 200009 17003MPS 1700 BR SCT009 SCT030 TX21/09Z TN09/00Z=

METAR ZHCC 200000Z 36002MPS CAVOK 11/02 Q1012 NOSIG＝

TAF ZHCC 200018Z 200009 03003MPS CAVOK TX23/07Z TN13/00Z＝

METAR ZHLY 200000Z 27002MPS CAVOK 08/06 Q1020 NOSIG＝

TAF ZHLY 200013Z 200009 17003MPS 6000 NSC TX21/09Z TN09/00Z＝

METAR ZBYN 200030Z VRB02MPS 2500 RA SCT040 12/M03 Q1012 NOSIG＝

TAF ZBYN 200020Z 200009 21004MPS 3000-RA BR SCT040 TX15/07Z TN13/09Z TEMPO 0307 SHRA FEW030CBSCT040＝

4. 航行通告

ZPPP 2020/1/17 10：14：00—2020/7/31 23：59：00

本场不停航施工,施工范围:距离 RWY03 入口端以北 1950～2630 米,距离 RWY03 中心线以东 480～1460 米的矩形区域。施工区域设置警示标志,请机组注意观察。

ZPPP 2020/1/17 10：20：00—2020/7/31 23：59：00

L 滑行道与 P 滑行道之间的 H4 滑行道仅提供翼展 36 米(不含)以下航空器使用,因施工。

ZPPP 2020/4/17 10：20：00—2020/4/31 23：59：00

RWY 03 入口内移至 F9 滑行道入口处。

ZUGY 2020/6/11 10：00：00—PERM

RWY19 Ⅰ类精密进近灯光系统长度由 900 米调整为 870 米,因扩建施工。

ZUGY 2020/2/2 09：43：00—2020/8/2 09：25：00

本场 RWY01/19 HUD 特殊Ⅰ类、特殊Ⅱ类低能见度运行落地标准不提供使用。

ZHCC 2020/4/17 00：00：00—2020/7/31 23：59：00

因本场停机位饱和,不接收非紧急情况下的备降。

ZHLY 2020/4/15 00：00：00—PREM

本场电源车、气源车已经修复,可以正常使用,可以保障 APU 故障的飞机。

ZLXY 2020/4/15 00：00：00—2020/4/30 23：00：00

RWY05 二类盲降因修复,不提供使用。

ZLLL 2020/4/20 09：00：00—2020/4/20 13：00：00

RWY18 ILS 因校飞,不提供使用。

ZLLL 2020/4/11 09：00：00—2020/6/11 08：00：00

B 滑行道至 C 滑行道之间的 B5 滑行道关闭,因施工。

ZLIC 2020/4/10 01：30：00—2020/4/24 05：30：00

0030-0530 DLY

不接收备降航班,紧急情况除外,因道面维护。

5. 运行规范相关内容

R＝正常使用机场　A＝备降机场　F＝加油机场　P＝临时使用机场

批准定期运行的机场见表 5-7。

表 5-7   批准定期运行的机场

机 场	经批准的机型	
	B737-700	B737-800
ZPPP	R/A	R/A
ZUUU	R/A	R/A
ZUCK	—	R/A
ZUGY	R/A	R/A
ZGNN	A	A
ZLXY	R/A	R/A
ZLIC	A	A
ZLLL	R/A	R/A
ZBYN	A	A
ZHCC	—	R/A

6. 航图和性能图表

轻轻刮开贴在封底的刮刮卡,扫描露出的二维码即可在线查看航图和性能图表。

7. 问题

(1) 说明该航班在目的地机场的落地标准,以 DH 和 VIS 表示。

(2) 放行该航班需要的合适备降机场有哪些? 请依次说明不选择其他机场作为备降机场的原因。

(3) 该航班在备降机场的备降标准是多少? 以 DH 和 VIS 表示。

(4) ZPPP-ZLXY 巡航高度层是多少?

(5) 请计算该航班的无油重量。

(6) 不必考虑额外燃油,该航班在昆明机场需要加注的总燃油是多少?

(7) 计算该航班的实际起飞重量。

(8) 依照静风,不必考虑改进爬升,请计算该航班起飞时使用的 $V_1/V_R/V_2$。

(9) 该航班起飞时是否可以使用灵活温度? 如可以,请计算出使用的最大灵活温度以及起飞时的 $V_1/V_R/V_2$。

(10) 根据已知内容,请完善该航班的 FPL。

(FPL-_____-_____S

-_____-SDE2E3FGHIRWY/LB1

-_____

-M078S_____   _____

-_____   _____

-PBN/A1B1C1D1O1S2 NAV/ABAS REG/_____ EET/ZLHW0113 SEL/EGMC CODE/780035 OPR/CHINA SOUTHERN AIRLINES RMK/TCAS)

实验 5.4

1.飞机基本信息

航班基本信息见表 5-8。

表 5-8　航班基本信息

机型	B737-800	飞机注册号	B5330
最大限制飞行高度	39800ft	机组标准配置	3/5
干使用重量	46400kg	客舱布局	C8Y142
MTOW	74500kg	MZFW	63000kg
MLWD	66100kg	油箱最大容积	19000kg
滑行耗油	100kg/10 分钟	MEL	MEL 21-51-01A
风速限制	侧风 38 节　　顺风 10 节（均包含阵风）		

责任机长在该机型上的经历时间为 76H。爬升和下降用油不计。放行评估表见表 5-9。

表 5-9　放行评估

航段	ZGHA-ZSSS	航班号	CA8167
航段距离	460NM	飞行高度	自选
ETD(PKT)	1840	巡航速度	M.78
飞机状态	MEL 21-51-01A	航段高空风/温	见下
额外燃油	0	QNH	1013
平均滑行时间	15 分钟	备降航段高空风	见下
跑道情况	干跑道	RAIM 值预测	正常
部分航段飞行时间	ZGHA OVTAN	25 分钟	JTN ZSSS	15 分钟
RAIM 值预测	AIRPORT:ZGHA MASKANGLE(degree):5.000000 RNP0.30: available from 2001150000Z to 2001150000Z except for 2001150925Z to 2001150925Z RNP1.00:available from 2001150000Z to 2001150000Z AIRPORT:ZPJH MASKANGLE(degree):5.000000 RNP0.30:/ 1.00: available from 2001150000Z to 2001150000Z except for 2001150215Z to 2001150300Z		

计算条件：

1. 按照 CCAR121-R5 运行规则，油量查询按照对应阶段的地面重量查询且无须使用迭代法，不考虑不可预期燃油的油耗油，小数点四舍五入取整。

2. 假设起飞、备降机场均按标准一类盲降 DH60VIS800 或等效 RVR550 标准掌握，起飞标准 VIS/RVR400 米，所有机场天气实况在 1800—2000 期间维持不变，航路无任何特殊天气状况。

3. 除题中给出的天气、通告和 MEL 限制外，其他条件均满足航班运行。

4. 航路走向：ZGHA OVTAN H24 ABVIL G204 JTN ZSSS。

5. 所经航路点：ZGHA OVTAN ABVIL JTN ZSSS。

6. 起飞条件：跑道 18、襟翼 5、防冰关、空调开、风速 0KT、干跑道、QNH1013、温度 20℃。

业载和备降信息见表 5-10。

表 5-10　业载和备降信息

业载信息	成人：=150	儿童：=0	婴儿：=0	货物	行李	机组 3/5
重量	75kg/人	36kg/人	10kg/人	4000kg	478kg	80kg/人

备降航路信息：

ALT	DIST(NM)	备降耗时	备降耗油
ZSSS-ZSOF	245	43min	1950kg
ZSSS-ZSNJ	165	32min	1500kg
ZSSS-ZSHC	110	22min	1000kg
ZSSS-ZSNB	105	20min	900kg

2. 航段信息（取巡航耗油为固定值）

ZGHA-ZSSS：长沙经 OVTAN、H24、ABVIL、G204 九亭（JTN）至虹桥。TTK084，TRIP DIST 460NM，请根据条件选择合适巡航高度层。航段信息表见表 5-11。

表 5-11　航 段 信 息

FL	W/C(KT)	KTAS(KT)	巡航耗油(kg/ENG/H)
S0780	M20	390	1245
S0810	P25	400	1250
S0840	M25	420	1265
S0890	P30	430	1270

3. 天气情况

METAR ZGHA 060900Z 21004MPS 1500 BR 20/12 Q1005 NOSIG=

TAF ZGHA 060625Z 060606 22003MPS 5000 HZ NSC TX27/06Z TN14/21Z BECMG 2224 28004MPS=

TAF ZGHA 060707Z 060918 22005MPS 5000 HZ NSC TX20/06Z TN19/18Z=

METAR ZSSS 060900Z 14003MPS 2000-RA 20/M01 Q1017 NOSIG=

TAF ZSSS 060624Z 060606 16005MPS 3000 NSC TX27/05Z TN15/21Z =

TAF ZSSS 060721Z 060918 16004MPS 3000 NSC TX21/09Z TN16/18Z TEMPO 1214-TSRA FEW030CB BKN040=

METAR ZSNJ 060900Z 17004MPS 1600 TS FEW020TCU 24/04 Q1013 NOSIG=

TAF ZSNJ 060607Z 060606 22005G12MPS 3500 ＋RA NSC TX24/07Z TN13/22Z=

TAF ZSNJ 060711Z 060918 22003G13MPS 3500 FEW010TCU BKN020 TX23/09Z TN15/18Z TEMPO 1216-TSRA BKN030CB =

METAR ZSOF 060900Z 17005MPS 5000 HZ 17/09 Q1012 NOSIG＝

TAF ZSOF 060605Z 060606 17003MPS 2000 HZ NSC TX29/07Z TN14/21Z＝

TAF ZSOF 060709Z 060918 19003MPS 2800 HZ NSC TX26/03Z TN14/21Z＝

METAR ZSHC 060900Z 08005MPS 1800 23/M01 Q1015 NOSIG＝

TAF ZSHC 060603Z 060606 07003MPS 1500 HZ NSC TX24/07Z TN13/21Z＝

TAF ZSHC 060732Z 060918 08003MPS 1500 HZ NSC TX23/09Z TN15/18Z＝

METAR ZSNB 060900Z 14002MPS 3000 11/07 Q1021 NOSIG＝

TAF ZSNB 060610Z 060606 13003MPS 2000 HZ NSC TX23/06Z TN13/21Z＝

TAF ZSNB 060715Z 060918 13002MPS 2000 BR NSC TX23/06Z TN10/21Z＝

4. 航行通告

ZSSS 1405022324—1405062300

RWY19 SFL U/S DUE TO MAINT

ZSSS 1405071830—1405132230 1830-2230 DLY

AD CLSD DUE TO MAINT

ZSNB 1405051430—1405062200

RWY 31 GP U/S DUE TO MAINT

ZSNB 1404171100—1410171059

ACft SHALL BE PUSHED BACK TO ENTER/EXIT PARKING STAND NR. 16 BY TOW TRACTOR

ZSOF 1404171830—1410172230 1830-2230 DLY

AD NOT AVBL FOR NON-EMERGENCY ALTN FLIGHT DUE TO STAND SHORTAGE

5. 航图和性能图表

轻轻刮开贴在封底的刮刮卡,扫描露出的二维码即可在线查看航图和性能图表。

6. 问题

(1) 确定备降场并说明理由。

(2) 请计算航班业载。

(3) 请计算航班无油重量。

(4) 根据资料,确定 CA8167(ZGHA-ZSSS)航班的最早预计起飞时间并说明原因。

(5) 根据资料,确定 CA8167(ZGHA-ZSSS)航班在重庆的起飞重量。

(6) 根据起飞分析表,确定 CA8167(ZGHA-ZSSS)航班的 $V_1/V_R/V_2$(不考虑使用灵活温度)。

(7) 编写 PA8167(ZGHA-ZSSS)航班 FPL 报。

实验 5.5

1. 飞机基本信息

航班基本信息见表 5-12

表 5-12　航班基本信息

机型	B737-800	飞机注册号	B5330
最大限制飞行高度	39800ft	机组标准配置	3/5
干使用重量	46400kg	客舱布局	C8Y142
MTOW	74500kg	MZFW	63000kg
MLWD	66100kg	油箱最大容积	19000kg
滑行耗油	100kg/10 分钟	MEL	MEL 21-51-01A
风速限制	侧风 38 节　顺风 10 节（均包含阵风）		

责任机长在该机型上的经历时间为 76H。爬升和下降用油不计。放行评估表见表 5-13。

表 5-13　放行评估

航段	ZGHA-ZSSS		航班号		CA8169
航段距离	460NM		飞行高度		自选
ETD(PKT)	1840		巡航速度		M.78
飞机状态	MEL 21-51-01A		航段高空风/温		见下
额外燃油	0		QNH		1013
平均滑行时间	15 分钟		备降航段高空风		见下
跑道情况	干跑道		RAIM 值预测		正常
部分航段飞行时间	ZGHA OVTAN	25 分钟		JTN ZSSS	15 分钟
RAIM 值预测	AIRPORT：ZGHA MASKANGLE(degree)：5.000000 RNP0.30： available from 2001150000Z to 2001150000Z except for 2001150925Z to 2001150925Z RNP1.00：available from 2001150000Z to 2001150000Z AIRPORT：ZPJH MASKANGLE(degree)：5.000000 RNP0.30：/ 1.00：available from 2001150000Z to 2001150000Z except for 2001150215Z to 2001150300Z				

计算条件：

1. 假设起飞、备降机场均按标准一类盲降 DH60VIS800 或等效 RVR550 标准掌握，起飞标准 VIS/RVR400 米，所有机场天气实况在 1800—2000 期间维持不变，航路无任何特殊天气状况。

2. 除题中给出的天气、通告和 MEL 限制外，其他条件均满足航班运行。

3. 航路走向：ZGHA OVTAN H24 ABVIL G204 JTN ZSSS。

4. 所经航路点：ZGHA OVTAN ABVIL JTN ZSSS。

5. 起飞条件：跑道 18、襟翼 5、防冰关、空调开、风速 0KT、干跑道、QNH1013、温度 20℃。

业载和备降信息以及备降航路信息分别见表 5-14 和表 5-15。

表 5-14　业载和备降信息

业载信息	成人:=150	儿童:=0	婴儿:=0	货物	行李	机组 3/5
重量	75kg/人	36kg/人	10kg/人	4000kg	478kg	80kg/人

表 5-15　备降航路信息　ZGHA-ZSSS

ALT	DIST(NM)	备降耗时	备降耗油
ZSSS-ZHHH	405	1h10min	2900kg
ZSSS-ZSNJ	165	32min	1500kg
ZSSS-ZSHC	110	22min	1000kg
ZSSS-ZSNB	105	20min	900kg

2. 航段信息(取巡航耗油为固定值)

ZGHA-ZSSS:长沙经 OVTAN、H24、ABVIL、G204 九亭(JTN)至虹桥。TTK084,
TRIP DIST 460NM,请根据条件选择合适巡航高度层。

表 5-16　航段信息

FL	W/C(KT)	KTAS(KT)	巡航耗油(kg/ENG/H)
S0780	M20	390	1245
S0810	P25	400	1250
S0840	M25	420	1265
S0890	P30	430	1270

3. 天气情况

METAR ZGHA 060900Z 21004MPS 1500 BR 20/12 Q1005 NOSIG=

TAF ZGHA 060625Z 060606 22003MPS 5000 HZ NSC TX27/06Z TN14/21Z BEC-
MG 2224 28004MPS=

TAF ZGHA 060707Z 060918 22005MPS 5000 HZ NSC TX20/06Z TN19/18Z=

METAR ZSSS 060900Z 14003MPS 2000-RA 20/M01 Q1017 NOSIG=

TAF ZSSS 060624Z 060606 16005MPS 3000 NSC TX27/05Z TN15/21Z =

TAF ZSSS 060721Z 060918 16004MPS 3000 NSC TX21/09Z TN16/18Z TEMPO
1214-TSRA FEW030CB BKN040=

METAR ZSNJ 060900Z 17004MPS 1600 TS FEW020TCU 24/04 Q1013 NOSIG=

TAF ZSNJ 060607Z 060606 22005G12MPS 3500 ＋RA NSC TX24/07Z TN13/
22Z=

TAF ZSNJ 060711Z 060918 22003G13MPS 3500 FEW010TCU BKN020 TX23/09Z
TN15/18Z TEMPO 1216-TSRA BKN030CB =

METAR ZHHH 060900Z 17005MPS 5000 HZ 17/09 Q1012 NOSIG=

TAF ZHHH 060605Z 060606 17003MPS 2000 HZ NSC TX29/07Z TN14/21Z=

TAF ZHHH 060709Z 060918 19003MPS 2800 HZ NSC TX26/03Z TN14/21Z=

METAR ZSHC 060900Z 08005MPS 1800 23/M01 Q1015 NOSIG=

TAF ZSHC 060603Z 060606 07003MPS 1500 HZ NSC TX24/07Z TN13/21Z=

TAF ZSHC 060732Z 060918 08003MPS 1500 HZ NSC TX23/09Z TN15/18Z=

METAR ZSNB 060900Z 14002MPS 3000 11/07 Q1021 NOSIG=

TAF ZSNB 060610Z 060606 13003MPS 2000 HZ NSC TX23/06Z TN13/21Z=

TAF ZSNB 060715Z 060918 13002MPS 2000 BR NSC TX23/06Z TN10/21Z=

4. 航行通告

ZSSS 1405022324—1405062300

RWY19 SFL U/S DUE TO MAINT

ZSSS 1405071830—1405132230 1830-2230 DLY

AD CLSD DUE TO MAINT

ZSNB 1405051430—1405062200

RWY 31 GP U/S DUE TO MAINT

ZSNB 1404171100—1410171059

ACft SHALL BE PUSHED BACK TO ENTER/EXIT PARKING STAND NR. 16 BY TOW TRACTOR

ZSOF 1404171830—1410172230 1830-2230 DLY

AD NOT AVBL FOR NON-EMERGENCY ALTN FLIGHT DUE TO STAND SHORTAGE

5. 航图和性能图表

> 轻轻刮开贴在封底的刮刮卡,扫描露出的二维码即可在线查看航图和性能图表。

6. 问题

(1) 确定备降场并说明理由。

(2) 计算航班业载。

(3) 计算航班的无油重量。

(4) 根据资料,确定 CA8169(ZGHA-ZSSS)航班的最早预计起飞时间并说明原因。

(5) 根据资料,确定 CA8169(ZGHA-ZSSS)航班在重庆的起飞重量。

(6) 根据起飞分析表,确定 CA8169(ZGHA-ZSSS)航班的 $V_1/V_R/V_2$(不考虑使用灵活温度)。

(7) 编写 CA8169(ZGHA-ZSSS)航班 FPL 报。

实验 5.6

1. 飞机基本信息

航班基本信息见表 5-17。

表 5-17 航班基本信息

机 型	A319	飞机注册号	B6406
最大限制飞行高度	39800ft	机组标准配置	3/7
干使用重量	42700kg	客舱布局	C8Y124
MTOW	70000kg	MZFW	58500kg
MLWD	62500kg	油箱最大容积	18000kg
巡航小时耗油	2500kg/H		
滑行耗油	100kg/10 分钟	MEL	无
风速限制	侧风 38 节 顺风 10 节（均包含阵风）		
航段	ZUUU-ZUZH	航班号	CA8651
航段距离	430NM	飞行高度	FL301
ETD(PKT)	1400	巡航速度	780km/h
飞机状态	正常	航段高空风/温	顺风 10kt＋标准 ISA
额外燃油	0	QNH	1013
平均滑行时间	15 分钟	备降航段高空风	顺风 10kt＋标准 ISA
跑道情况	干跑道	RAIM 值预测	正常
业载信息	成人：＝150	儿童：＝0	婴儿：＝0	货物	行李	机组 3/5
重量	75kg/人	36kg/人	10kg/人	4000kg	478kg	80kg/人

2. 天气情况

METAR ZUUU 170600Z 13003MPS 090V180 CAVOK 09/M06 Q1030 NOSIG＝

TAF ZUUU 170420Z 170615 20003MPS 5000 BR SCT040 TX10/07Z TN06/15Z＝

TAF ZUUU 170206Z 170606 20003MPS 5000 BR SCT040 TX11/07Z TN05/23Z＝

METAR ZUZH 170600Z 08002MPS 060V120 5000-DZ BR SCT017 OVC030 02/01 Q1025 NOSIG＝

TAF ZUZH 170409Z 170615 12004MPS 6000 FEW011 SCT023 BKN046 TX03/08ZTN00/15Z＝

METAR ZUGY 170600Z VRB02MPS CAVOK 07/M01 Q1028 NOSIG＝

TAF ZUGY 170401Z 170615 01004MPS 6000 OVC030 TX05/06Z TN01/15Z＝

3. 航行通告

表 5-18 航行通告

重要航行通告			
机场	ZUZH	有效时段	00:00—23:59
通告内容	本场因管线故障不能提供加油		

4. 航图和性能图表

轻轻刮开贴在封底的刮刮卡,扫描露出的二维码即可在线查看航图和性能图表。

5. 问题

(1) 该航班从成都出港时的油量不得低于多少?

(2) 请确定该航班分别从成都出港时是否需要减载,并说明原因。

(3) 请确定该航班是否可以放行。

参 考 文 献

《中华人民共和国飞行基本规则》

CCAR-91-R3《一般运行和飞行规则》

CCAR-121-R6《大型飞机公共航空运输承运人运行合格审定规则》

CCAR-65FS-R2《民用航空飞行签派员执照管理规则》

CCAR-61-R5《民用航空器驾驶员合格审定规则》

CCAR-145-R3《民用航空器维修单位合格审定规定》

AC-121-FS-136《航空承运人不可预期燃油政策优化与实施指南》

AC-121-FS-2019-009R2《延程运行和极地运行》

AC-91-FS-2018-05-R1《实施要求授权的所需导航性能(RNP AR)飞行程序的适航和运行批准指南》

AC-91-FS-2018-007R1《缩小垂直间隔(RVSM)空域的运行要求》

AC-91-FS-2017-03R2《使用平视显示器(HUD)运行的评估与批准程序》

AC-97-FS-2011-01《民用航空机场运行最低标准制定与实施准则》

AP-93-TM-2012-01《民用航空飞行动态固定格式电报管理规定》

AP-117-TM-2019-01《民用航空气象预报规范》

附录

附录 A　简易飞行计划表

业载计算（单位）

旅客：＿＿＿＿＿＿＿＿＿＿＿＿＿＿＿＿＿＿＿＿＿＿＿＿＿＿＿＿＿＿＿＿＿

行李：＿＿＿＿＿＿＿＿＿＿＿＿＿＿＿＿＿＿＿＿＿＿＿＿＿＿＿＿＿＿＿＿＿

货物：＿＿＿＿＿＿＿＿＿＿＿＿＿＿＿＿＿＿＿＿＿＿＿＿＿＿＿＿＿＿＿＿＿

邮件：＿＿＿＿＿＿＿＿＿＿＿＿＿＿＿＿＿＿＿＿＿＿＿＿＿＿＿＿＿＿＿＿＿

总业载：＿＿＿＿＿＿＿＿＿＿＿＿＿＿＿＿＿＿＿＿＿＿＿＿＿＿＿＿＿＿＿

总油量计算（单位）

航线耗油＋45 分钟等待油＋备降油＋滑行油＋额外油＝实际放行油量

计算航线耗油：＿＿＿＿＿＿＿＿＿＿＿＿＿＿＿＿＿＿＿＿＿＿＿＿＿＿＿

45 分钟等待油：＿＿＿＿＿＿＿＿＿＿＿＿＿＿＿＿＿＿＿＿＿＿＿＿＿＿＿

备降耗油：＿＿＿＿＿＿＿＿＿＿＿＿＿＿＿＿＿＿＿＿＿＿＿＿＿＿＿＿＿＿

滑行油：＿＿＿＿＿＿＿＿＿＿＿＿＿＿＿＿＿＿＿＿＿＿＿＿＿＿＿＿＿＿＿

额外油：＿＿＿＿＿＿＿＿＿＿＿＿＿＿＿＿＿＿＿＿＿＿＿＿＿＿＿＿＿＿＿

放行总油量：＿＿＿＿＿＿＿＿＿＿＿＿＿＿＿＿＿＿＿＿＿＿＿＿＿＿＿＿＿

起飞重量（单位）

DOW＋PAYLOAD＋总燃油＝起飞重量

DOW：＿＿＿＿＿＿＿＿＿＿＿＿＿＿＿＿＿＿＿＿＿＿＿＿＿＿＿＿＿＿＿＿

PAYLOAD：＿＿＿＿＿＿＿＿＿＿＿＿＿＿＿＿＿＿＿＿＿＿＿＿＿＿＿＿＿

总燃油：＿＿＿＿＿＿＿＿＿＿＿＿＿＿＿＿＿＿＿＿＿＿＿＿＿＿＿＿＿＿＿

起飞重量：＿＿＿＿＿＿＿＿＿＿＿＿＿＿＿＿＿＿＿＿＿＿＿＿＿＿＿＿＿＿

最大允许起飞重量计算

机场名称	使用跑道	使用温度	最大起飞重量	起飞速度

飞行计划表格

起飞机场		目的机场	
起飞备降场		目的地备降场	
航路备降场			
离场程序			
进场程序			
航路			

航路点	磁航向	高度层	最低航路高度	距离(KM) 航段－距离	距离(NM) 航段－距离
				＋	＋
				＋	＋
				＋	＋
				＋	＋
				＋	＋
				＋	＋
				＋	＋
				＋	＋
				＋	＋
				＋	＋
				＋	＋
			总距离：		

备降航路	磁航向	高度层	最低航路高度度	距离(KM) 航段－距离	距离(NM) 航段－距离
			总距离：		

1. _____

2. Route _____ T/O RWY _____

   SID _____ ROUTE _____ STAR _____

   ILS/RWY _____

   ALTN AIRPORT(s):T/O _____ ENROUTE _____ DEST _____

3. Flight Level:_____

4. Aircraft NO:_____

5. Time enroute:_____

6. ETA:_____

7. T/O Fuel :_____ Pounds total T/O Fuel;time total _____

8. Number of pax :_____ people

9. Total Cargo load :_____ pounds

10. MEL(S):_____

    Impact on aircraft/ pilot:_____

11. Weather:T/O Airport Temp _____ C; Wind _____; Vis _____; Cloud

    Enroute(headwind or tailwind)_____

    Destination Vis _____;Wind _____;Cloud _____;Significant Weather for

    Flight _____

12. NOTAMS:_____

附录 B　领航计划申请报表

领航计划申请报表格式

电报等级　PRORITY
≪≡FF →

收电地点和单位　ADDRESSEE(S)

≪≡

申报时间　FILING TIME

发电地点和单位　ORIGINATOR

≪≡

收电和(或)发电地点和单位全称
SPECIFIC IDENTIFICATION OF ADDRESSEE(S) AND/OR ORIGINATOR

报　类　3 MESSAGE TYPE
≪≡ CFPL

航空器识别标志　7 AIRCRAFT IDENTIFICATION —

飞行规则　8 FLIGHT RULES

飞行种类　TYPE OF FLIGHT
≪≡

架　数　9 NUMBER

航空器型别　TYPE OF AIRCRAFT

按湍涡分类　WAKE TURBULENCE CAT /

设　备　10 EQUIPMENT /
≪≡

起飞机场　13 DEPARTURE AERODROME

时间　TIME
≪≡

巡航速度　15 CRUISING SPEED

高度层　LEVEL

航线　ROUTE

≪≡

日的地机场　16 DESTINATION AERODROME

预计经过总时间　TOTAL EET
小时·分钟　HR MIN →

备降机场　ALTN AERODROME

第二备降机场　2ND ALTN AERODROME
≪≡

其他情报　18 OTHER INFORMATION
— REG /

≪≡

补充情报(在领航计划电报中不发)　SUPPLEMENTARY INFORMATION(NOT TO BE TRANSMITTED IN CPL MESSAGES)

应急无线电　EMERGENCY RADIO

续航能力　ENDURANCE
19
小时·分钟　HR MIN
— E / → R /

机上人数　PERSONS ON BOARD

R / UHF U   VHF V   ELBA E

救生设备　SURVIVAL EQUIPMENT
→ S / P

极地　POLAR P

沙漠　DESERT D

海洋　MARITIME M

森林　JUNGLE J → J /

救生衣　JACKETS
J

灯光　LIGHT L

荧光　FLGURES F

UHF U

VHF V

救生船　DINGHIES
→ D /

数量　NUMBER →

载员　CAPACITY →

篷　COVER →

颜色　COLOUR
≪≡

航空器颜色和标志　AIRCRAFT COLOUR AND MARKINGS
A /

附注　REMARKS
→ N /

≪≡

机　长　PILOT IN COMMAND
C /)≪≡

申报人　FILED BY

填写其他要求的空格　SPACE RESERVED FOR ADDITIONAL REQUIREMENTS

附录 C 飞行高度层配备示意图

飞行高度层配备示意图
Diagram of Flight Levels Allocation

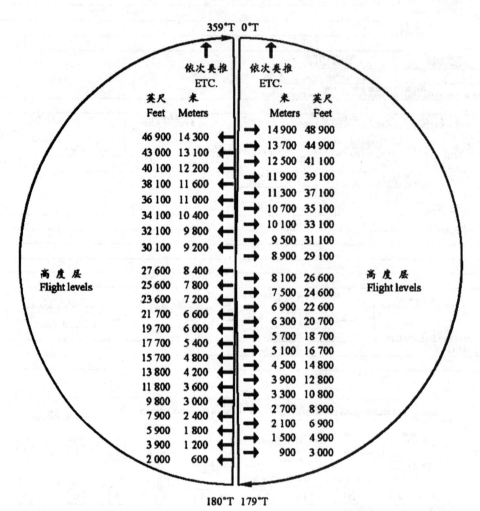

注：管制员将发布米制飞行高度层指令，航空器驾驶员应当根据中国民航飞行高度层配备标准示意图（表）来确定对应的英制飞行高度层。航空器应当飞对应的英制飞行高度层，航空器驾驶员应当知晓公英制转换带来的差异，驾驶舱仪表显示的米制高度与管制指令的米制高度不一定完全一致，但存在的差异不会超过30米。

Note: ATC will issue the Flight Level clearance in meters. Pilots shall use the China FLAS Diagram to determine the corre sponding flight level in feet. The aircraft shall be flown using the flight level in FEET.
Pilots should be aware that due to the rounding differences the metric readout of the onboard avionics will not necessarily correspond to the cleared Flight level in meters however the difference will never be more than 30 meters.

附录 D 机型风的标准图

机型	90度 干跑道 起飞	90度 干跑道 着陆	90度 干跑道 阵风 起飞	90度 干跑道 阵风 着陆	90度 湿跑道 无积水、积雪 起飞	90度 湿跑道 无积水、积雪 着陆	90度 湿跑道 刹车效应 好 起飞	90度 湿跑道 刹车效应 好 着陆	90度 湿跑道 刹车效应 中或差 起飞	90度 湿跑道 刹车效应 中或差 着陆	0度 起飞	0度 着陆	180度 起飞	180度 着陆	低能见度 0度 起飞	低能见度 90度 起飞	CAT II 0度 着陆	CAT II 90度 着陆
B737	15(30)	15(30)			12(25)	12(25)	8(15)	8(15)			25(50)	25(50)	5(10) / 7.5(15)*	5(10) / 7.5(15)*	当 RVR>400 米时，按各机型侧风标准运行；当 RVR≤400 米时，按各机型湿跑道运行或机型低能见度起飞标准。		按各机型侧风标准中湿跑道运行的标准或机型侧风限制标准（取较低值）。	
B757	15(30)	15(30)	17(34)	17(34)			8(15)	8(15)			25(50)	25(50)	5(10)	5(10)				
B767	14(28)	14(28)	17(34)	17(34)			7(14)	7(14)			25(50)	25(50)	5(10)	5(10)				
B777	15(30)	15(30)					8(15)	8(15)			25(50)	25(50)	5(10)	5(10)				
B747	15(30)	15(30)					8(15)	8(15)			25(50)	25(50)	5(10)	5(10)				
A320 系列*	14(29)	15(30)	19(38)	19(38)	12(25)	12(25)	7(15)	7(15)			25(50)	25(50)	5(10)	5(10)	15(30)	10(20)	15(30)	10(20)
A330	16(32)	16(32)	20(40)	20(40)	12(25)	12(25)	7(15)	7(15)			25(50)	25(50)	5(10)	5(10)	18(35)	10(20)	18(35)	10(20)
A340	14(27)	14(27)	17(33)	17(33)	12(25)	12(25)	7(15)	7(15)			25(50)	25(50)	5(10)	5(10)	18(35)	10(20)	18(35)	10(20)

附录 E　实验表格

表 F-1　主航段航路信息表

离场（SID）_____

进场（STAR）_____

距离_____	距离_____	距离_____
航向_____	航向_____	航向_____
航路_____	航路_____	航路_____

距离_____	距离_____	距离_____
航向_____	航向_____	航向_____
航路_____	航路_____	航路_____

距离_____	距离_____	距离_____
航向_____	航向_____	航向_____
航路_____	航路_____	航路_____

距离_____	距离_____	距离_____
航向_____	航向_____	航向_____
航路_____	航路_____	航路_____

距离_____	距离_____	距离_____
航向_____	航向_____	航向_____
航路_____	航路_____	航路_____

距离_____	距离_____	距离_____
航向_____	航向_____	航向_____
航路_____	航路_____	航路_____

表 E-2 备降航段航路信息表

距离_____	距离_____	距离_____
航向_____	航向_____	航向_____
航路_____	航路_____	航路_____

距离_____	距离_____	距离_____
航向_____	航向_____	航向_____
航路_____	航路_____	航路_____

距离_____	距离_____	距离_____
航向_____	航向_____	航向_____
航路_____	航路_____	航路_____

距离_____	距离_____	距离_____
航向_____	航向_____	航向_____
航路_____	航路_____	航路_____

距离_____	距离_____	距离_____
航向_____	航向_____	航向_____
航路_____	航路_____	航路_____

距离_____	距离_____	距离_____
航向_____	航向_____	航向_____
航路_____	航路_____	航路_____

表E-3　简易飞行计划

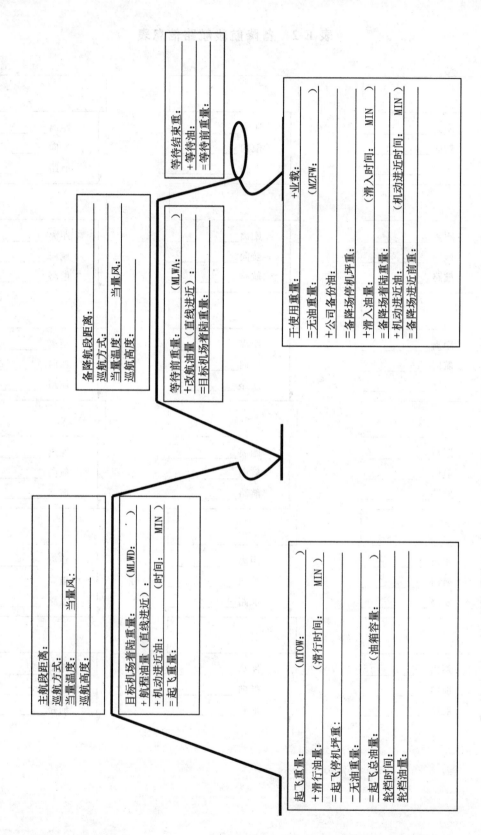

主航段距离：
巡航方式：　　　当量风：
当量温度：
巡航高度：

目标机场着陆重量：　　　（MLWD：　　）
＋航程油量（直线进近）：　（时间：　　MIN）
＋机动进近油：
＝起飞重量：

起飞重量：　　　　　　（MTOW：　　）
＋滑行停机坪重：　　　（滑行时间：　　MIN）
＝起飞停机坪重：
－无油重量：
＝起飞总油量：
轮档时间：
轮档油量：

备降航段距离：
巡航方式：　　　当量风：
当量温度：
巡航高度：

等待前重量：　　　（MLWA：　　）
＋改航油量（直线进近）：
＝目标机场着陆前重量：

等待结束重：
＋等待油：
＝等待前重量：

干使用重量：
＝无油重量：　　　　　　（MZFW：）
＋公司备份油：
＝备降场停机坪重：
＋滑入油量：　　　　　（滑入时间：　　MIN　　）
＝备降场着陆重量：
＋机动进近油：　　　　（机动进近时间：　　MIN　　）
＝备降场进近前重：

＋业载：

表 E-4　航路详细信息

航路点	累计距离(KM)	预计到达时间	剩余油量	飞机重量

注:表格中应包括 TOC、TOD 点的信息。

表 E-5　B737-800 装载舱单(1)

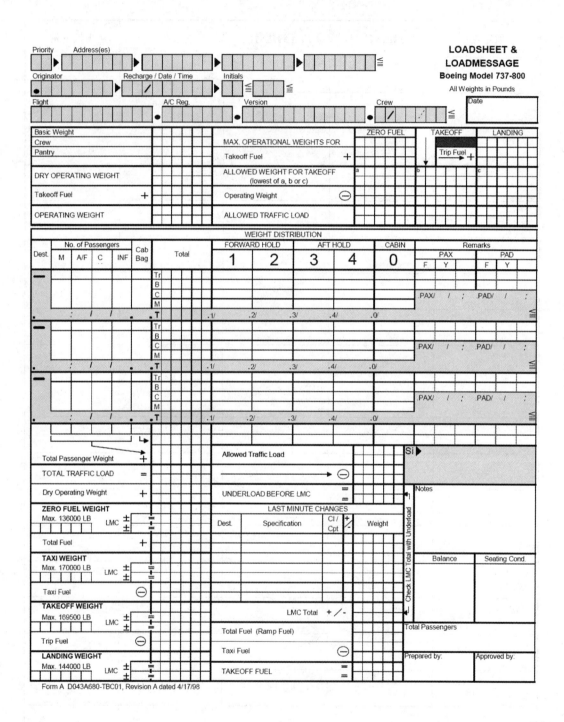

表 E-6 B737-800 装载舱单(2)

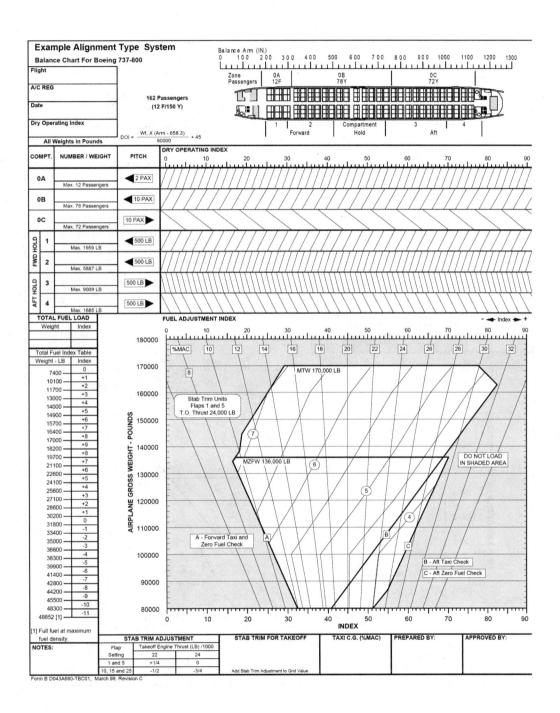

表 E-7　B737-800 装载舱单(3)

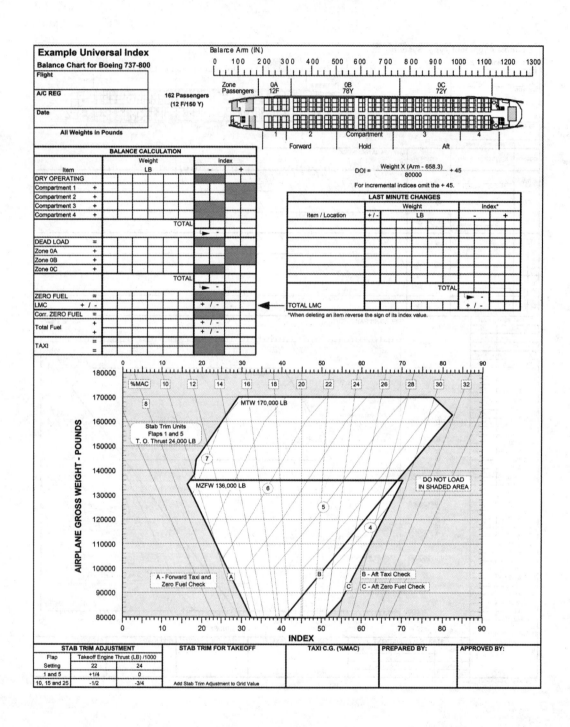

表 E-8 B737-800 装载舱单(4)

LOWER HOLDS

Compartment 1		Compartment 2		Compartment 3		Compartment 4	
Weight - LB	Index	Weight - LB	Index	Weight - LB	Index	Weight - LB	Index
0 - 94	0	0 - 153	0	0 - 191	0	0 - 94	0
95 - 283	-1	154 - 461	-1	192 - 574	+ 1	95 - 284	+ 1
284 - 472	-2	462 - 769	-2	575 - 957	+ 2	285 - 474	+ 2
473 - 661	-3	770 - 1077	-3	958 - 1340	+ 3	475 - 664	+ 3
662 - 850	-4	1078 - 1385	-4	1341 - 1723	+ 4	665 - 854	+ 4
851 - 1038	-5	1386 - 1692	-5	1724 - 2106	+ 5	855 - 1044	+ 5
1039 - 1227	-6	1693 - 2000	-6	2107 - 2489	+ 6	1045 - 1234	+ 6
1228 - 1416	-7	2001 - 2308	-7	2490 - 2872	+ 7	1235 - 1424	+ 7
1417 - 1605	-8	2309 - 2616	-8	2873 - 3255	+ 8	1425 - 1614	+ 8
1606 - 1794	-9	2617 - 2924	-9	3256 - 3638	+ 9	1615 - 1685	+ 9
1795 - 1959	-10	2925 - 3232	-10	3639 - 4021	+ 10		
		3233 - 3539	-11	4022 - 4404	+ 11		
		3540 - 3847	-12	4405 - 4786	+ 12		
		3848 - 4155	-13	4787 - 5169	+ 13		
		4156 - 4463	-14	5170 - 5552	+ 14		
		4464 - 4771	-15	5553 - 5935	+ 15		
		4772 - 5078	-16	5936 - 6318	+ 16		
		5079 - 5386	-17	6319 - 6701	+ 17		
		5387 - 5694	-18	6702 - 7084	+ 18		
		5695 - 5887	-19	7085 - 7467	+ 19		
				7468 - 7850	+ 20		
				7851 - 8233	+ 21		
				8234 - 8616	+ 22		
				8617 - 8999	+ 23		
				9000 - 9009	+ 24		

PASSENGERS

Zone 0A		Zone 0B		Zone 0C	
No. Pax	Index	No. Pax	Index	No. Pax	Index
1	-1	1	0	1 - 2	+ 1
2	-2	2 - 5	-1	3	+ 2
3	-3	6 - 8	-2	4 - 5	+ 3
4	-4	9 - 11	-3	6	+ 4
5	-5	12 - 15	-4	7 - 8	+ 5
6	-6	16 - 18	-5	9	+ 6
7	-7	19 - 22	-6	10 - 11	+ 7
8 - 9	-8	23 - 25	-7	12 - 13	+ 8
10	-9	26 - 28	-8	14	+ 9
11	-10	29 - 32	-9	15 - 16	+ 10
12	-11	33 - 35	-10	17	+ 11
		36 - 39	-11	18 - 19	+ 12
		40 - 42	-12	20	+ 13
		43 - 46	-13	21 - 22	+ 14
		47 - 49	-14	23	+ 15
		50 - 52	-15	24 - 25	+ 16
		53 - 56	-16	26	+ 17
		57 - 59	-17	27 - 28	+ 18
		60 - 63	-18	29	+ 19
		64 - 66	-19	30 - 31	+ 20
		67 - 69	-20	32 - 33	+ 21
		70 - 73	-21	34	+ 22
		74 - 76	-22	35 - 36	+ 23
		77 - 78	-23	37	+ 24
				38 - 39	+ 25
				40	+ 26
				41 - 42	+ 27
				43	+ 28
				44 - 45	+ 29
				46	+ 30
				47 - 48	+ 31
				49	+ 32
				50 - 51	+ 33
				52	+ 34
				53 - 54	+ 35
				55 - 56	+ 36
				57	+ 37
				58 - 59	+ 38
				60	+ 39
				61 - 62	+ 40
				63	+ 41
				64 - 65	+ 42
				66	+ 43
				67 - 68	+ 44
				69	+ 45
				70 - 71	+ 46
				72	+ 47

FUEL INDEX TABLE

Total Fuel LB	Index Value
7000	0
9700	+1
11300	+2
12400	+3
13400	+4
14300	+5
15000	+6
15700	+7
16300	+8
16900	+9
18500	+10
19800	+9
21100	+8
22300	+7
23600	+6
24900	+5
26200	+4
27500	+3
28900	+2
30300	+1
31700	0
33100	-1
34500	-2
35900	-3
37400	-4
38800	-5
40200	-6
41500	-7
42700	-8
43900	-9
45100	-10
46300	-11
48852 [1]	-12

[1] Full fuel at maximum fuel density.

PASSENGERS

No.	Weight LB
1	185
2	370
3	555
4	740
5	925
6	1110
7	1295
8	1480
9	1665
10	1850
12	2220
20	3700
30	5550
40	7400
50	9250
60	11100
70	12950
72	13320
78	14430

LAST MINUTE CHANGES

LOCATION	ADD WEIGHT (LB)				
	50	100	140	180	200
Flight Deck				-1.4	
Fwd Galley Complex	-0.4	-0.7			-1.4
Door 1 Attendant Sta.			-0.9	-1.2	
Door 4 Attendant Sta.			+0.9	+1.2	
Aft Galley Complex	+0.3	+0.7			+1.4

Reverse the index sign when deleting the above weights.

附录 F 实验报告书

姓　名：		学号：		试验编号：	
航班号：		机型：		飞机注册号：	
航班时刻：		航线：			
故障信息：					
起飞机场：		起飞备降机场：			
目的地机场：					
目的地备降机场：					
预计起飞时刻：	起飞机场能见度：	云高：	风速：	风向：
能否起飞：		选择起飞跑道号：		
起飞备降机场：	能见度：	云高：	风速：	风向：
能否降落（如不能，请选择新的备降场）：				
目的地机场能见度：		云高：	风速：	风向：
能否降落：	选择降落跑道号：			
目的地备降机场：	能见度：	云高：	风速：	风向：
能否降落（如不能，请选择新的备降场）：				
航行通告重要信息：				
天气信息：				
DD 单/MEL 对放行的限制：				
机组分析：				
放行分析：				
放行总结：